[illegible]

[illegible]

管婷婷　著

OKR实践的20条军规

敏捷转型与OKR

AGILE

20 PRINCIPLES ON THE PRACTICE OF OKR

Agile Transformation and OKR

電子工業出版社
Publishing House of Electronics Industry
北京·BEIJING

图书在版编目（CIP）数据

OKR 实践的 20 条军规：敏捷转型与 OKR / 管婷婷著. —北京：电子工业出版社，2022.2

ISBN 978-7-121-42814-2

Ⅰ. ①O… Ⅱ. ①管… Ⅲ. ①企业管理 Ⅳ. ①F272

中国版本图书馆 CIP 数据核字（2022）第 018353 号

责任编辑：卢小雷　　　　特约编辑：田学清
印　　刷：北京天宇星印刷厂
装　　订：北京天宇星印刷厂
出版发行：电子工业出版社
　　　　　北京市海淀区万寿路 173 信箱　　　　邮编：100036
开　　本：720×1000　1/16　　印张：11.5　　字数：159 千字
版　　次：2022 年 2 月第 1 版
印　　次：2022 年 2 月第 1 次印刷
定　　价：64.00 元

凡所购买电子工业出版社图书有缺损问题，请向购买书店调换。若书店售缺，请与本社发行部联系，联系及邮购电话：（010）88254888，88258888。

质量投诉请发邮件至 zlts@phei.com.cn，盗版侵权举报请发邮件至 dbqq@phei.com.cn。

本书咨询联系方式：（010）88254199，sjb@phei.com.cn。

序

初次接触 OKR 是在 2015 年第二次创业时，再次接触 OKR 是在 2019 年，那时我正在辅导一个大约 200 人的团队进行敏捷转型，我发现这个团队虽然使用了 OKR 近两年，但其使用方法是错误的。2020 年春节，由于新型冠状病毒肺炎疫情无法出门，我干脆闷头开发课程，从此与 OKR 结下了不解之缘。

在敏捷教练圈中，管婷婷老师是对 OKR 了解非常深入的一位，也是 OKR 的优秀实践者。管婷婷老师的《敏捷团队绩效考核》一直是我案头的好书之一。由于我也对 OKR 十分痴迷，这几年撰写了《深入浅出了解 OKR》系列文章，开发了“敏捷绩效领导力”系列课程，并不断以公开课的形式进行 OKR“布道”，而且建立了 OKR 社区，我和管婷婷老师一直被大家称为“北管南杨”。

OKR 是一个非常有用的系统，我们分别从不同的侧重点、以不同的认知对 OKR 进行解读和实践，并且不断总结实践中的各种经验和教训。OKR 是简洁的，它的概念很抽象，不同实践者的背景不同，会有不同的解读。OKR 又是复杂的，因为它并不是方法论，需要结合组织的具体情况进行落地，所以我经常用“一学就会，一用就废”来形容 OKR。

我很高兴看到管婷婷老师的第二本大作——《OKR 实践的 20 条军规：敏捷转型与 OKR》出版，也很高兴这么快就能享受到管婷婷老师带给我们的 OKR 盛宴。在本书中，管婷婷老师从制定、跟踪、实践和激励四个方面，对 OKR 实施过程中经常碰到的问题进行了详细的总结。

在 OKR 制定阶段，针对目标的重要性和挑战性进行有效、合理的设定，是一件非常困难的事情。当然，管婷婷老师介绍了很多简单、实用、有效的方法（如五问法、填空法），这些方法能够帮助我们从任务的“沼泽”中识别出有价值的核心目标。

对齐是 OKR 中非常有价值且与其他目标管理方法极具区隔度的核心要点。本书对“自上而下以价值为导向分解 OKR，自下而上优化 OKR”进行了总结，用销售部门的 OKR 案例，循序渐进地将对目标的思考、逻辑推理的过程和 OKR“上下同欲，左右同源”的核心要旨做了生动的阐释。管婷婷老师还将敏捷方法中常用的“涌现”带入了 OKR，使目标产生的画面感扑面而来。

在 OKR 跟踪阶段，本书介绍了大量的 OKR 检查机制和调整方法，有助于读者在 OKR 周期内关注目标及其完成的情况。另外，本书还从透明和融合上切入，让读者从工具和流程上关注 OKR 带来的影响和管理成本的降低。

在 OKR 实践阶段，本书将应用 OKR 时的常见错误、复盘中的要点问题等一一指出，非常有助于读者避开这些“陷阱”。管婷婷老师还对借助 OKR 打造学习型组织进行了一定的介绍，这与我对 OKR 的关注点不谋而合。除了通常人们所说的“承诺型 OKR”“愿景型 OKR”，我一直提倡利用“成长型 OKR”来关注组织的、团队的、个人的学习和成长。因为从系统思考的角度来看，如果 OKR 能够生效，那么在不久的将来，需要大量的组织和团队创新来进行挑战性目标的突破，需要在业务理解上进行加强和拉通，需要在沟通协作上实现更多的共情和理解，个人能力也需要通过学习变得更加多元化。如果整个组织的学习和成长能力不足，则将迅速成为 OKR 实施的瓶颈。

此外，以内驱力促进团队激励也是我持续探究的方向。在未来的组织中，这是必不可少的，也是流行的教练技术和 OKR 结合的一个关键点。在绩效管理中，与 OKR 进行良好的结合也是管婷婷老师的特长之一，本书中涉及多个不同的绩效管理视角。

敏捷教练在理解、实践 OKR 方面是有天然优势的，敏捷方法和 OKR 也有着很多的重合。事实上，我身边越来越多的敏捷教练开始关注 OKR，希望作为先驱者的管婷婷老师能够持续输出实践中的经验和教训，一起为 OKR 的持续发展贡献“敏捷圈”的力量。

杨瑞
2022.01.20

前　言

OKR 的崛起

OKR（Objectives and Key Results，目标和关键结果）的源头最早可追溯到彼得·德鲁克（Peter Drucker）于 1954 年在《管理的实践》一书中提出的目标管理（Management by Objectives）理论。在该书中，彼得·德鲁克提出了以下理念：

（1）企业的目标应该源自其使命和愿景；

（2）企业的目标应该明确、可度量；

（3）企业目标的制定过程应该广泛地邀请员工参与；

（4）在达成目标的过程中，企业应重视对员工的授权，鼓励团队协作。

20 世纪 50 年代，在主流的企业管理以“事无巨细的管理和控制”为主要基调的大环境下，该理论的提出无疑是具有前瞻性的。作为彼得·德鲁克的忠实拥护者，安迪·格罗夫（Andy Grove）对该理论推崇备至。安迪·格罗夫不仅是一名优秀的半导体工程师，还是一名出色的管理者。他在职业生涯中不断地实践和改进彼得·德鲁克的理论，并积累了大量的经验和心得。1979 年，安迪·格罗夫正式出任英特尔公司总裁，他开始在公司上下推广自己基于目标管理理论创造出来的管理方法，并正式将该方法定名为 Objectives and Key Results，简称 OKR。在安迪·格罗夫的任期内，英特尔公司成长为在世界范围内有影响力的超级公司。

英特尔公司之所以能取得成功，OKR 工作方法功不可没。但由于安迪·格罗夫的商业成绩过于显著，吸引了众多人的关注，人们在研究英特尔公司的成功时很难注意到 OKR 这种工作方法的存在。但当时英特尔公司的工程师约翰·杜尔（John Doerr）看到了 OKR 的独特价值。

20 世纪 80 年代，约翰·杜尔离开了英特尔公司，开始自己创业。到 90 年代中后期，他已经成为硅谷最有影响力、最具创意、最不拘传统的风险投资家之一。他参与了众多硅谷知名公司的早期投资，包括 Google、Sun（后来被甲骨文公司收购）、康柏、亚马逊、网景（后来被美国在线收购）、Intuit、Lotus、赛门铁克、Cypress、S3（后来被亚马逊收购）、Millennium Pharmaceuticals 等。他每投资一家公司，就会不遗余力地向该公司布道 OKR 工作方法。该工作方法首先在 Google 取得了成功，帮助 Google 在业绩增长、员工赋能等方面取得了显著的成绩；后来该工作方法也帮助亚马逊等公司取得了巨大的成功。在 Google 等公司所获成功的激励下，越来越多的硅谷公司开始实践 OKR，并从中受益匪浅，这使得 OKR 的应用最终成了一种潮流。

根据 OKR 案例网的统计，截至 2021 年 5 月，有 55 家世界知名公司明确声明采用了 OKR 工作方法。其中，在互联网行业中，除早期采用者 Google 之外，Facebook（现更名为“Meta”）、Microsoft、Netflix、Spotify、Oracle、Mozilla 等也都采用了 OKR 工作方法。在传统 IT 制造业中，三星、戴尔、松下、西门子等赫然在列。这些老牌知名公司对 OKR 的采用无疑证实了它有着很高的价值。此外，美国著名的时装品牌 GAP、俄罗斯时尚电商平台 KupiVIP 也采用了 OKR 工作方法，由此可见 OKR 还有着广泛的适用范围。

在中国，截至 2021 年，大部分头部互联网大厂都已经宣称在内部采用了 OKR 工作方法。头条系的领导者张一鸣更是 OKR 的忠实“粉丝”和布道者。《第一届中国企业 OKR 管理实践调研报告》显示，OKR 在国内已经渗透到互联网、制造、金融、教育培训、房地产、住宿餐饮、文化娱乐等多个行业。

回顾 OKR 在国内外的发展史，我们不难发现，它诞生于大师具有前瞻性的研究，并在少数公司得到了成功验证。但它的真正崛起，则伴随着互联网和信息化的发展进程。这个进程开始于 20 世纪 90 年代，至今仍然在蓬勃发展和不断进化，持续给世界带来深刻的变化和影响。OKR 颠覆了工业时代后期相对成熟、稳定的商业模式，使得组织和个人不得不面对混乱、复杂、模糊和快速变化的环境。大多数组织在当下的商业环境中都面临着以下两个问题。

（1）战略落地难。

战略落地问题在组织达到一定规模后就会显现出来，并逐渐变成组织内部的主要障碍。其主要原因是随着组织规模的扩大，内部的结构变得更加复杂，沟通的层级和节点增多，导致战略信息在传递过程中出现大量损耗和一定程度的扭曲。在信息时代，由于组织内外部不确定性因素增多，还叠加了战略的制定不能覆盖所有目标，环境的迅速变化导致战略部分失效甚至全部失效等情况，使得组织战略在制定和执行的时候面临更大的挑战。

（2）员工赋能难。

当一个组织面对快速变化的环境带来的不确定性、复杂性时，有效降低应对成本、快速找到解决方案的主要路径是依赖群众的力量。组织要在决策的过程中引入多方意见，在内部运营过程中扩大群策群力的范围。然而，诞生于工业时代并沿袭至今的许多管理方法更擅长自上而下进行分配、管理和控制。此外，组织对如何在内部建立起有效的自下而上反馈的渠道，如何在快速调整战略的同时降低成本和风险，如何建立合理的授权机制以激发员工的内在驱动力等方面缺乏强有力的理论指导，在实践方法层面更是空白。因此，“赋能员工”对很多组织来讲只停留在口号层面。

另外，在信息时代，组织需要的员工不仅要能够执行命令，还要能够灵活应变，即组织需要的是具有创新能力的“知识型人才”。提出“知识型人才”这个概念的管理大师彼得·德鲁克说过，知识型人才从事创造型的工作，如果对其工作过程的规定过于严格，管理要求过多过细，则会限制他们创造的空间，从而对创新起到反作用。而过于注重细节的规章制度、冗长僵化的流程恰恰是工业时代行之有效，并且至今仍然在发挥作用和影响力的一些管理方法的典型特点。

只有解决了这两个问题的组织，才有可能成为当前时代的弄潮儿。如果这两个问题不解决，那么再优秀的组织也可能被迅速拖入泥淖。组织迫切需要一种新的方法，既能够让内部员工对战略目标的内容达成共识，又能够有效、快速地整合自下而上的意见，打通上下级之间反馈的通道，还能够在保持大方向不变的前提下，对内部员工进行合理的授权，使员工的才能得以发挥，使战略的执行更具有灵活性。这种迫切的需求是 OKR 工作方法能够崛起，从英特尔公司的内部实践迅速变为流行方法的前提。

OKR 继承了彼得·德鲁克目标管理理论的核心思想，提出了目标和关键结果的书写原则，使得组织的战略可以轻松地转化为明确、可度量、方便传递的目标，并通过在为期一年的 OKR 生命周期里进行目标的制定、评审、日常检查等活动，提高了员工参与目标制定和调整的程度，从而使 OKR 有效地整合了各级员工的思想，提升了员工的参与感和责任感。同时，由于 OKR 能够为组织内部提供稳定的“指南针”，使得组织内部的任务调整、跨部门协作等活动有准确的参考。这既提升了协作效率，也大大降低了授权员工的风险和成本，让“赋能员工”从只停留在口号层面，变成能轻松落地的事情。

OKR 虽然作用巨大，并且切合当前组织管理的需要，但是在正式实施的时候，还是存在很多容易被忽视的要点，导致实施的效果大打折扣。在实施过程中，我们看到许多组织简单地将 KPI（Key Performance Index，关键绩效指标）写成 OKR 的格式，不能区分目标和任务，或者找不到正确的“关键结果”等。这说明 OKR 的应用过程并不简单、易懂。

本书结合作者通过辅导国内数十家组织实施 OKR 获得的经验和教训，总结出 20 个实施要点，即 20 条“军规”。这 20 条“军规”简单、易懂、可操作，可以有效地帮助组织避免实施过程中可能遇到的问题。

希望在阅读完本书后，那些想了解 OKR 的组织能够清晰地了解 OKR 的概念及实施细节，从而轻松实践；那些已经在采用 OKR 的组织能够发现 OKR 实施过程中一些问题对应的解决方案。希望本书的读者在 OKR 的帮助下能更好地适应这个快速变化的时代。

目录

第 1 章

OKR 基础

1.1 OKR 的基本概念

什么是 OKR？

OKR（Objectives and Key Results）即目标和关键结果，是一套制定明确的目标，并通过一系列跟踪、度量、反馈活动来帮助目标最终实现的方法。

一、O（Objectives，目标）

目标负责清楚地传递行动的目的和意图，与组织的战略紧密相连。同时，它还要客观、具体，方便人们互相传递，让哪怕来自不同职能部门的人也能够轻易辨别一个 O 是否已经达成。此外，它还要具有一定的挑战性，能够激发人们的热情和行动力。

例如，跟“减掉一些体重”相比，“减掉 5 千克体重”就是一个更好的目标，后者更加客观、具体，使人能够轻易辨别是否已经达成。

又如，在组织中常见的目标——“提升客户满意度”，其实并不是一个很好的目标。首先，它不够客观、具体；其次，当人们试图辨别它是否已经达成时，不同的人从不同的角度可能给出截然不同的答案。面对这类目标，人们在商定如何达成时，大家都以为达成一致意见了，但实际上各方的理解可能并不完全相同。这可能导致执行的时候南辕北辙，当最后验收的时候问题就会暴露出来，但那时候已经耗费了大量的时间和资源。因此，“能够轻易辨别一个 O 是否已经达成”是一个非常重要的条件。

再如，在 IT 团队中常见的“提升单元测试覆盖率至 90%”“采用最新的技术框架”等目标，也并不符合 OKR 认定的合格的“O”。它们虽然足够客观、具体，也能够轻易辨别是否已经达成，但是它们不能传递行动的目的和意图。提升单元测试覆盖率至 90%会带来什么样的结果？为什么是提升单元测试覆盖率至 90%而不是 60%？采用最新的技术框架能收获什么样的价值？我们为什么要去做这些事情？这些事情的投入产出比是什么样的？也就是说，从这类 O 身上，我们无法探知上述问题的答案。而这些问题的答案，才是我们要设立的目标，才是 OKR 定义的“O”。

二、KR（Key Results，关键结果）

关键结果用来描述**目标达成的必要条件**，它是具体的、可度量的，人们能够通过跟踪关键结果的进度，知道目标的达成程度。

关键结果首先是结果，而非任务。如果有人希望让身材从肥胖变得健美，那么“每天跑 5 千米”“每天做 20 个仰卧起坐”“每天少摄入 300 卡路里热量”等不是好的关键结果，即使它们看起来都满足“具体的、可度量的”要求。这是因为首先它们都是任务，而非结果。其次，即使这些任务顺利完成了，身材健美的目标也可能并未达成。若想达成这个目标有可能需要更多的运动量和更少的每日热量摄入，或者还需要结合其他的锻炼方式。因此，它们不足以被称为目标达成的“必要条件”。

正确的关键结果应该类似于“腰围下降 5cm”“体脂率下降 5%”“胸腰比达到 1.5 ~ 2.0”“腰臀比小于 0.8”这样的指标。 这些是一系列健身计划执行之后获得的结果。当这些结果达成之后，就能确定身材不肥胖了，并达到了健美的标准（当然具体数值因人而异）。

如果一家公司想上线一款很棒的产品，那么“××月××日前完成产品的原型设计”“××月××日前完成产品的研发和测试”都不是 OKR 定义的“关键结果”，它们是任务，而非结果，并且这些任务的完成只能保证有一款产品，并不意味着这款产品一定很棒。我们可以选择“产品的访客转化率达到 60%”“产品上线后的客户满意度调查达到 90 分以上”“该产品客户的 NPS（Net Promoter Score，净推荐值）超过同类产品的 30%”等关键结果，如果这些关键结果都达成了，那么肯定意味着目标达成了。

“O”和“KR”的关系可以用一种数学语言来描述，即二者互为“充分必要条件”。这也是检测 OKR 书写是否合格的标准之一。

组织在制定 KR 的时候，SMART 原则是一个很好的参考，如表 1-1-1 所示。

表 1-1-1

SMART	描述
S（Specific）具体的	通过具体、清晰、详细的目标描述，使得人们的理解达成一致，避免重大歧义的产生
M（Measurable）可度量的	如果不明确指出可度量标准，那么人们可能产生自己的理解。例如，如果只提出“大幅度提升软件的性能”的要求，那么一部分人可能认为提升 40%就已经算“大幅度”了，而另一部分人认为提升 90%才算“大幅度”
A（Attainable）可达到的	目标要具有一定的挑战性，要稍稍超出当前团队的能力，但是通过适当的努力仍然是可以达到的
R（Relevant）有相关性的	公司战略本质上在传递两种信息：一是工作方向，二是工作重点（优先级排序）。OKR 的制定应与公司战略及上级目标紧密相关，不可随心所欲地制定与公司使命、愿景、战略脱节的目标
T（Time-bound）有截止期限的	时限性，能够让目标进度更加清晰，真正发挥更好的指导作用

符合 SMART 原则的 KR 是可度量的，包括量化指标的。量化指标让我们更容易跟踪关键结果的进展情况。

如果“关键结果”中只写着“提高在线课程的销售量”，那么我们是难以直接评估它的进展的。如果将关键结果写成“卖出 1000 节在线课程”，而目前已经卖出了 700 节在线课程，那么我们很容易知道关键结果完成了 70%。

下面是一些度量标准模糊的关键结果，也是我们在实际操作中需要避免的。

- KR：在新品发布之前优先介绍给老用户和合作伙伴。
- KR：帮助产品团队检查产品检验规范文档。
- KR：添加一个好看的跳转页面。
- KR：向用户宣讲新上线的课程。

而以下是一些可度量的关键结果，通过和上面的错误示范进行对比，就能看出二者的区别。

- KR：将每个活跃用户的平均周访问量从 X 提高到 Y。
- KR：将单个用户获取成本维持在 Y 以下。
- KR：使高参与度的用户（完成完整档案的用户）数量从 X 增长到 Y。
- KR：将用户回购率从 X 提高到 Y。

组织在使用 OKR 的时候，建议 KR 尽量遵守 SMART 原则。那么，O 是否也要严格遵守 SMART 原则呢？实践经验告诉我们，O 的重点在于解释清楚目的和意图，并且让人们达成共识，O 未必要遵守 SMART 原则。有的时候 O 本身是可度量的，自然也就符合 SMART 原则，如“年底销售额同比提升 30%”；而有的时候 O 并不需要符合 SMART 原则，如“提升用户使用某 App 的流畅度”，它足够具体、清晰、方便传递，但显然不可度量，因为流畅度是一种主观感受，不同的人对流畅度的要求可能差别很大。

O 不符合 SMART 原则是否会带来不良后果，需要结合 KR 一起看。如果对应的 KR 可以帮助 O 划定清晰的范围和界限，那么即使 O 不符合 SMART 原则也不会带来任何问题，示例如下。

O：提升用户使用某 App 的流畅度；

KR1：用户打开单个页面的等待时间不超过 1 秒；

KR2：不同页面跳转时间不超过 0.1 秒；

KR3：页面报错率降低到 3 次/月以下。

在上述示例中，KR 帮助具象化了对流畅度的要求。通过对 KR 的阅读，我们能清楚地知道流畅度要提升到具体什么程度。在这种情况下，即使 O 不符合 SMART 原则，O 和 KR 合起来也能够给我们最终要达成的结果进行准确、具体、可度量的描述，不会在不同人员中产生歧义，这种情况是可以接受的。但是，下面的示例就不符合标准了。

O：提升用户使用某 App 的流畅度；

KR1：部署新的流畅度监控系统；

KR2：提高后台程序的性能；

KR3：缩短事件的响应时间。

在上述示例中，我们能够肯定的是当 3 个 KR 实现之后会对流畅度的提升有好处，但是没有人知道流畅度会提升到具体什么程度，因此可能出现研发人员认为流畅度已经有了很大的提升，而用户认为流畅度还不足的情况。

通过前面列举的例子，我们会发现 O 和 KR 的关系并不是“做什么”（What）和“怎样做”（How）的关系，O 和 KR 都在描述我们要到达的终点或者要获取的结果、最终价值。O 可以看作描述终点的所在方向，KR 可以看作具体的范围或者坐标。**O 和 KR 合起来解释了目标在哪里，以及怎样证明我们已经达成目标或者还没有达成目标。**理解这一点是正确使用 OKR 的关键。

每个 OKR 都是由 1 个 O 和 3 ~ 5 个 KR 组成的。大部分组织和个人在一年内会拥有 3 ~ 5 个 OKR，并可能以季度为单位分解为 3 ~ 5 个季度 OKR。

三、OKR 是最有效的工作度量指标

一些在工作中常见的目标，如“提升盈利能力”“提升客户满意度”“提升团队效能”等能够给出一个明确的方向，但是缺乏对于程度、深度、范围等的准确描述。这导致不同的人或者不同的团队在执行时，实际采用的标准并不一致，最终执行的结果也千差万别。而这种实际上的对目标理

解的差异很难尽早暴露出来，往往要到工作交付的后期，也就是快要出结果的时候才能够被人们发现。这样的情况会延误目标的实现，堆高项目的成本。

在 OKR 体系中，O 主要负责解释方向，而 KR 主要负责明确终点的程度、深度、范围等，使得 O 具体、清晰，在人群中达成最大限度的共识。于是，在内部，不同组织协作时使用同一个“指南针”。对外，执行团队和验收者之间对工作完成的程度、好坏也能遵循统一的验收标准。

OKR 并不解释“How”，也就是“怎样做”的问题。这个问题交给任务和计划的制订、执行过程，在这个过程中，已经有丰富的理论和实践，如通过项目管理、敏捷方法等实现。

事实上，在所有为了完成目标而制定的任务列表中，包括两种任务：一种是被证明对最终结果有贡献的；另一种是对最终结果没什么贡献的，可能是基于错误理解或者错误假设而做出的。其中，后者要在出现明显的方向性偏差，甚至在工作交付之后，通过客户或干系人的反馈才能被发现。如果以完成任务为目标，就不可能尽早识别出这项任务对最终结果可能没什么贡献。而 OKR 专注于澄清最终要达成的目标和收获的结果，因此它能够成为度量内部工作的高精度尺子。如果在执行任务的过程中定期对齐 OKR、检查 OKR 的进度，就能够尽早发现无价值或者低价值的任务，从而迅速做出调整。组织只有清楚地认识到这点，才算理解了 OKR。

小结：

- O 要能够清楚地传递目的和意图。
- KR 是结果，而非任务。
- O 和 KR 之间要满足“充分必要条件”。
- O 和 KR 合起来对工作要到达的终点进行准确的描述。

1.2 OKR 的生命周期

OKR往往以年为单位进行制定，并且可以分解为季度OKR、月度OKR。OKR的源头是公司战略。公司战略往往以3～5年为周期进行制定，而OKR的制定一般以年为单位。我们可以理解为，公司战略关注未来3～5年的大目标，而OKR关注为了实现大目标，眼下这一年要实现什么。

OKR的年度生命周期包括“年度OKR的制定”“OKR的跟踪”“OKR的年度总结”三个主要阶段。OKR的跟踪如图1-2-1所示。

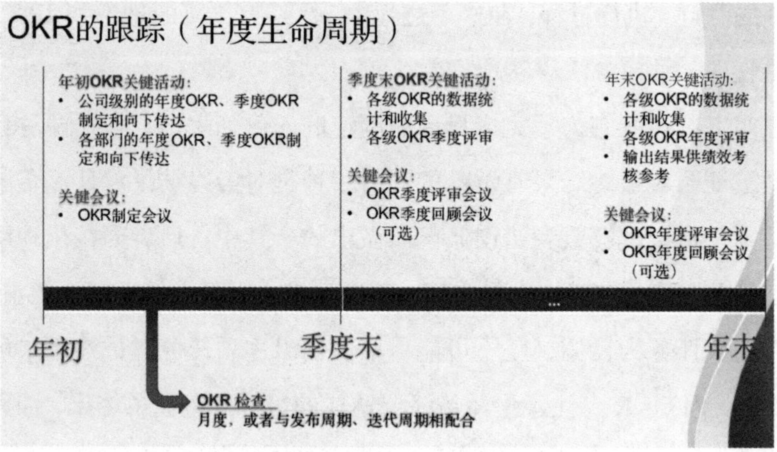

OKR的跟踪（年度生命周期）
年初OKR关键活动:
• 公司级别的年度OKR、季度OKR制定和向下传达
• 各部门的年度OKR、季度OKR制定和向下传达
关键会议:
• OKR制定会议
季度末OKR关键活动:
• 各级OKR的数据统计和收集
• 各级OKR季度评审
关键会议:
• OKR季度评审会议
• OKR季度回顾会议（可选）
年末OKR关键活动:
• 各级OKR的数据统计和收集
• 各级OKR年度评审
• 输出结果供绩效考核参考
关键会议:
• OKR年度评审会议
• OKR年度回顾会议（可选）
年初
季度末
年末
OKR 检查
月度，或者与发布周期、迭代周期相配合

图 1-2-1

一、年度 OKR 的制定

对大部分组织而言，年度OKR的制定、各季度OKR的分解工作都集中在年初进行。其中，少数复杂多变的领域会采取按季度制定OKR的方法。

OKR的制定并不是一个时间点，而是一段时间。在通常情况下，一个公司要完成全公司上下的年度OKR制定需要花费1～2周的时间，在年度OKR制定周期里要完成以下几件事：

（1）公司高层根据公司战略制定出公司的年度 OKR 和季度 OKR，并向下传递；

（2）各个部门和员工根据公司的年度 OKR 和季度 OKR 制定出自己的年度 OKR 和季度 OKR；

（3）各个部门和员工的 OKR 制定完毕后，要与上级进行沟通，确保 OKR 可以自下而上对齐；

（4）将所有确认过的 OKR 录入 OKR 跟踪管理系统。

OKR 的制定在小型公司内会快一些。公司越大，层级越多，自然耗费的时间也越长。像 IBM、Oracle 这样的大型跨国公司，年度 OKR 的制定往往要持续 1～2 个月。因此，公司在制定年度 OKR 时最好根据自身内部的结构、层级及沟通效率等预估一下所需要的时间。如果耗费的时间过长，则可以在每个工作年正式开始之前，提前开展 OKR 的制定工作，以避免出现年度工作已经开始，但是 OKR 还没有制定好的情况。

在 OKR 的制定阶段，往往存在以下问题。

（1）各季度 OKR 是否必须在年度 OKR 制定的时候一起制定好？

如果公司或者部门的年度目标相对稳定，可以预见的变化不会太大，那么年度 OKR 和季度 OKR 同时制定出来并向下传递，是一种效率较高的做法。

有些公司或者部门所处的内外部环境中存在很多不确定因素，或者项目本身过于复杂，无法一次性确定所有工作和潜在风险等，可能导致远期的季度 OKR，甚至年度 OKR 发生变化。在这种情况下，组织可以精确地制定第一季度的 OKR，年度 OKR 及第二季度到第四季度的 OKR 则可以根据实际情况保留一定的模糊性。需要注意的是，年度 OKR 及第二季度到第四季度的 OKR 仍然要制定，即使环境中存在很多不确定因素，也要对稍远期的工作进行展望和适度规划。

（2）是否要分解到月度 OKR?

首先，工作的分解是十分必要的，但工作的分解是有成本的，其中主要包括时间成本、人力成本、沟通成本、跟踪成本等。从投入产出比来讲，把 OKR 分解到以月为单位的颗粒度，回报并不大。此外，如果按月跟踪 OKR，会提高召开 OKR 评审会议的频率，并且会增加相应的数据收集、录入工作。在引入 OKR 的同时，应该没有领导想听到“总是开会检查 OKR 进度，都没有时间工作了”这样的抱怨。

其次，如果组织在制定 OKR 的时候，严格遵循了“KR 是‘结果’，而非‘任务’”的原则，那么产生一个可见的结果，或者一个结果产生可见的进度，往往需要完成多项任务。在一个月之内，员工可能完成了很多任务，但是没有任何可见的结果产生。因此，将 OKR 分解到月度 OKR，并对其进行跟踪的意义不大。

以我们在本书 1.1 节中所举的例子来说，O 是“提升用户使用某 App 的流畅度”，其中第一个 KR 是“用户打开单个页面的等待时间不超过 1 秒”。为了达成这个 KR，首先团队可能要调查数十个页面的打开速度，找出等待时间超过 1 秒的所有页面，调查每个页面打开超时的原因并逐个解决，然后测试团队再次进行回归测试，最后才能确定 KR 是否达成。这项工作可能需要一个月甚至更长的时间，而这仅仅是 O 的一个 KR 而已。

又如，一个房地产销售团队某季度的 OKR 如下。

O：销售业绩同比提升 10%；

KR1：线上销售渠道净利润达 200 万元；

KR2：线下门店渠道净利润达 100 万元。

众所周知，在销售行业中，为了最终签单，销售人员要做很多铺垫工作。在本季度的前两个月，销售人员可能在联系客户、拓展市场、策划推广活动，到最后一个月才可能成功签单。也就是说，本季度的前两个月基本不会有任何结果产生。

因为这些情况的存在，将 OKR 分解到月度 OKR 往往是没有什么意义的。同理，每周检查 OKR 也是一件意义不大的事情。组织过于频繁地检查 OKR 只会给日常管理增加成本，并不会带来实际的好处。当然，如果组织把 KR 写成了任务的形式，那么它当然是可以拆分到很小颗粒的，并且每天都会产生进度，但这是不正确的。

某些与 OKR 有关的书中提到过月度 OKR，甚至还有以周为单位制定 OKR 的案例，如果稍加注意就不难发现，这些案例中的公司往往是国外的小型创业公司，规模在 3 ~ 10 人，业务规模小，内部结构极度扁平，内部透明度高，沟通成本极低，因此这些公司是完全可以做到的。但是稍大的项目，尤其是涉及多个团队协作的工作并不建议这样做。当人数多、层级多、协作关系复杂时，我们可以借助一些 OKR 管理工具，将各方的跟踪数据透明化。此外，在沟通上应当适当降低沟通频率，采用集中沟通、重点沟通的方式，因为太小颗粒度的 OKR 和太频繁地围绕 OKR 进行沟通在这种大规模协作场景下，往往付出大于收获。大家可以根据自己组织的规模、真实业务情况等进行取舍。

二、OKR 的跟踪

在 OKR 的跟踪过程中，组织首先要做的是选择一款合适的工具。Excel、Word 或者电子邮件等并不适合在 OKR 跟踪过程中使用，因为它们既不方便查找，也不方便进行版本的管理和控制。当前，市场上已经有很多 OKR 跟踪工具。这些工具具有视觉化 OKR 的进度、更好地展示上下级及平级之间 OKR 的因果关系的功能。图 1-2-2 所示为一款 OKR 跟踪工具的管理界面。

图 1-2-2

选择一款合适的 OKR 跟踪工具可以提高 OKR 的透明度，方便各方对齐目标，降低 OKR 在组织内的运行成本。除工具的选择之外，在 OKR 的跟踪过程中，还有以下两个重要的事件：

- OKR 季度评审活动；
- OKR 日常检查（Check-in）活动。

1. OKR 季度评审活动

OKR 季度评审活动并不仅仅是一次性的会议，其主要包含以下活动：

（1）检查季度 OKR 的达成情况；

（2）检查员工对达成剩余年度 OKR 的信心指数；

（3）根据实际情况对剩余的季度 OKR、年度 OKR 进行适当的调整；

（4）对 OKR 方法的使用进行回顾和改进。

这些活动应该安排在季度末 1 ~ 2 周内，通过几次会议和一些线下任务完成。各个部门和团队自行组织会议和安排任务，并在约定的时间内完成结果的汇报和同步工作。

在上述活动中，其中“检查季度 OKR 的达成情况”和“检查员工对达成剩余年度 OKR 的信心指数”比较简单，不同类型的组织在执行的时候也没有显著的差异。这两项活动的目的是发现一些和进度相关的问题并尽早解决。

“根据实际情况对剩余的季度 OKR、年度 OKR 进行适当的调整”主要是根据目标执行的过程中浮现出来的更多信息，对剩余的目标进行合理的调整，取得上下级同意并更新到 OKR 跟踪系统中。对工作内容确定性较高的组织来说，剩余的季度 OKR、年度 OKR 调整的可能性及调整幅度相对较小；而在其他组织中，由于随着时间的推移，内外部环境可能发生变化，或者随着工作的开展，一些未知因素暴露出来，这时就应该通过及时调整下个季度的 OKR 和年度 OKR 来应对变化。

“对 OKR 方法的使用进行回顾和改进”主要是针对 OKR 方法本身的回顾和改进。OKR 的概念很简单，但是在制定、跟踪的过程中会出现许多没有标准答案的细节问题，令人不知所措。大部分组织在实施 OKR 时要经历半年到一年的摸索阶段。在摸索阶段，我们可以在每个季度末举办回顾和改进活动，回顾 OKR 实施过程中发现的问题，群策群力思考改进方案。如果组织内部对 OKR 的应用已经进入成熟阶段，则举办此类活动的频率可以改成以年为单位，甚至可以取消此类活动。

OKR 的理念很多地方跟敏捷方法的理念如出一辙。敏捷方法主张任务列表不应该计划好了就一直保持不变，而是应随着迭代的推进涌现出来。

同样，OKR 也可以是涌现式的。随着在推进目标的过程中获得更多的信息及对组织到底要什么有更深入的思考，新的 OKR 可能涌现出来。敏捷方法主张定期、频繁地改进。OKR 的生命周期里也有类似的活动。归根结底，这都是因为当前组织身处变幻莫测的时代，适应变化是生存的基础。**因此，当组织进行季度 OKR 评审时，不应该把其看成一个单纯的跟踪和检查进度的执行过程，应该在推进进度的同时，加深对目标和影响目标的各类因素的理解，并持续对剩余的目标进行重构。**这个过程可以用 PDCA 循环来表示，如图 1-2-3 所示。

图 1-2-3

2. OKR 日常检查（Check-in）活动

事实上，仅靠季度评审还不足以起到用 OKR 指导工作、及时跟踪 OKR 进度的作用，组织还需要一个发生周期更频繁的活动来提升日常对齐 OKR 的频率。OKR 日常检查（Check-in）就是这样一项活动。该项活动的目的有两个：

- 日常检查任务与季度 OKR、年度 OKR 的对齐情况；
- 检查 OKR 的进度并预判风险。

OKR 日常检查活动的形式有许多种。在有些书中描述的案例里，将 OKR 日常检查活动做成了每周一次的小型会议。根据各类型组织的实践经验，既可以有每周、每月进行的固定、正式的日常检查，也可以有临时、非正式的日常检查。日常检查频率的高低，主要取决于工作的复杂性和变化性。

复杂性高、需要多方协作及外界环境变化导致需求变化的工作都需要提高 OKR 日常检查的频率，反之则要降低 OKR 日常检查的频率，以节省时间和人力的投入。

但不管 OKR 日常检查的频率如何，都应该保证它是一项轻量级活动。因为关键结果的可见进度需要在完成多项任务之后才能获得，日常检查活动只关注关键结果的进度，所以在任务完成之前频繁地进行日常检查的意义并不大。此外，任务进度的跟踪在大部分组织里都已经存在相应的会议和流程了，本着“如无必要，勿增实体”的原则，组织应该在引入新的工作方法时，避免或减少召开低价值、内容重复的会议。

基于以上原因，比较推荐的开展 OKR 日常检查活动的做法有以下几种。

（1）每周的团队日常检查活动时长不超过 15 分钟。

（2）每月的团队日常检查活动时长不超过 30 分钟。

（3）与其他活动捆绑，如在敏捷团队进行迭代的验收会议主要议程结束后，会花 5 分钟左右进行一次 OKR 日常检查。

（4）开展非正式的日常检查活动。在任何有可见结果产出的时候进行 OKR 日常检查，既可以由专人负责，也可以由团队成员按需进行。如果发现问题就召开团队级别的会议；如果并未发现问题则无须进一步采取行动。

三、OKR 的年度总结

在一个工作年的结尾，组织应该进行 OKR 的年度总结。OKR 的年度总结包括以下活动：

（1）汇总组织内各级别单位年度 OKR 的进度数据，查漏补缺；

（2）完成各级别单位年度 OKR 的进度评审；

（3）上下级之间围绕 OKR 的达成和使用情况进行双向反馈；

（4）对 OKR 方法的使用，以及其在组织内产生的影响进行回顾。

OKR 的年度总结活动应该在工作年末尾 1～2 周内举行，组织内各级别单位完成总结后向上级汇报，同时上级要和直属下级围绕 OKR 进行讨论，互相给予反馈，这个过程可以增进双方对"什么才是目标"的共识，同时为新的 OKR 周期做好准备。OKR 年度总结的结果将输出到绩效考核流程，作为年终绩效考核的重要参考材料。

总体来说，OKR 的生命周期就是以年为单位，通过"年度 OKR 的制定""OKR 的跟踪""OKR 的年度总结"三个主要阶段的一系列活动驱动完成的。

小结：

- OKR 的年度生命周期分为制定阶段、跟踪阶段、总结阶段三个阶段。
- OKR 制定阶段需要完成年度 OKR 的制定和各季度 OKR 的分解。在一般情况下，季度 OKR 是 OKR 的最小颗粒，继续向下分解的意义不大。
- OKR 跟踪阶段主要涉及 OKR 季度评审活动和 OKR 日常检查（Check-in）活动。OKR 日常检查（Check-in）活动的开展频率要遵循"如无必要，勿增实体"的原则。
- OKR 的年度总结除总结 OKR 的达成程度之外，还要采取双向反馈机制，增进上下级对"什么才是目标"的共识。

1.3 OKR 的适用范围

从一般意义上来说，任何行业和组织都可以使用 OKR，但是“可以”并不意味着“合适”。

虽然像 OKR 这样的方法能够给组织带来许多好处，但是任何一种方法都不是万能的，它有自己诞生的背景和擅长解决的问题。只有在它擅长的范围内，它才能发挥最大的作用，给使用者带来好处。

此外，任何一种方法都有其在组织内的实施成本，包括方法学习、部署过程中产生的成本，日常维护过程中会议、人力、工具等产生的成本。这些成本有一些是显性的、与财务或时间相关的；还有一些是隐性的，需要消耗精力和资源，但无法直接度量。在大多数情况下，方法的实施成本是较高的、不容忽略的。

组织在决定是否采用某种方法的时候，应该同时考虑潜在的“好处”和“成本”，只有当好处远远大于成本的时候才应该做出采用的决策。如果组织仅仅认可方法的主张，或者听到过类似的成功案例，就贸然引进，并没有充分预估成本，就会被在实施过程中持续投入人力和时间，但效果并不明显所困扰。以 OKR 方法为例，其生命周期内的各项活动都要占用大量的人力和时间，并且需要专业的 OKR 工具的支持，这都是 OKR 的实施成本。许多组织因为“太忙”而无法保证这些活动持续举行或高质量举行，导致 OKR 实施到后来形同虚设，最终并未给组织带来足够大的价值。

只有当 OKR 给一个组织带来的好处远远大于其实施成本时，才是 OKR 的“适用范围”。预估 OKR 带来的好处和成本是一个比较复杂的过程，好在也并不完全是“盲人摸象”或者拍脑袋做决策，还是有一些原则可以参考的。其中，有一个简单的方法可以帮助我们理解 OKR 的适用范围，那就是和 KPI 进行对比。

一、OKR 和 KPI 的区别

KPI 的全称是“Key Performance Indicator”，即关键绩效指标。它的核心是将公司的战略目标分解为数个“关键成果指标”，然后列举出为了获得这些“关键成果”，公司内部需要进行哪些生产及协作活动。在所有活动中选择 20%最重要、最直接的活动（根据二八原则），对它们进行量化，就形成了“关键绩效指标”。关键绩效指标再通过层层分解，在公司内部传递下去，如图 1-3-1 所示。

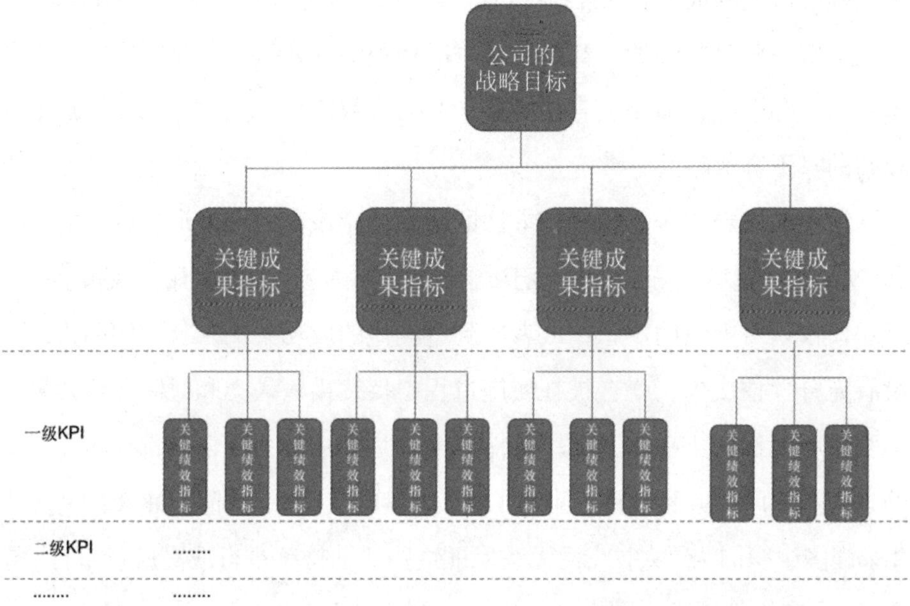

图 1-3-1

我们很容易可以看出，关键绩效指标是为了获得关键成果而制定的一些活动，也就是我们常说的任务。

而 OKR 定义的是“关键结果”，而非“关键任务”，这一点在前文中反复强调过。因此，OKR 更接近 KPI 理论中的“关键成果指标”，至于完成关键成果的过程并不是 OKR 所关心的。如图 1-3-2 所示，在过程管理领域有大量的实践方法，如项目管理方法、敏捷方法、精益方法等。OKR 聚焦的是为过程提供指导，即指出过程需要产出的最终结果。

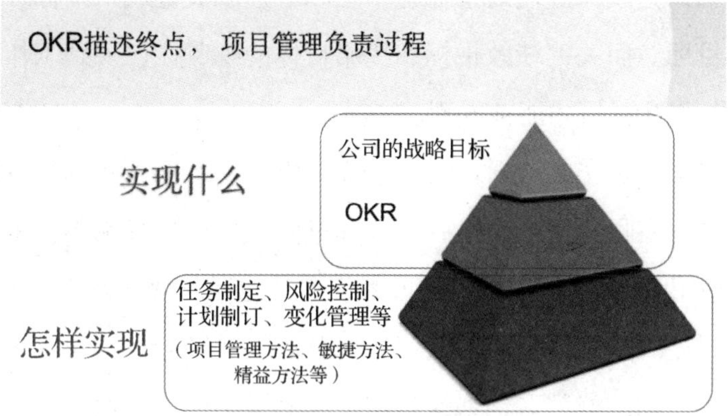

图 1-3-2

简单地讲，OKR 和 KPI 的区别是：

KPI 既明确了成果，又明确了量化的任务；OKR 只提供清晰的结果，过程交给其他方法，其他方法通过持续对齐 OKR 来有效地实施和调整。

二、OKR 和 KPI 的适用范围

正因为 OKR 和 KPI 有上述简单的差别，二者的适用范围有很大的差异。

假如组织只要完成计划好的任务就能获得想要的结果，KPI 就是一个完美的模型，但事实并非如此。计划的制订可能是考虑不周的，也可能受到外界变化的影响。虽然 KPI 理论明确指出，在跟踪关键绩效指标时要频繁地向上对齐关键成果指标，如果发现关键绩效指标无助于达成关键成果指标，就要及时做出调整。但事实上，在执行的过程中人们很容易忽略这一点，最终变成以完成关键绩效指标为目标，完全不记得定期对齐关键成果指标。在许多组织里，关键成果指标在制定后往往就被束之高阁，甚至

有的组织从来没有制定过关键成果指标，而是从战略目标中直接分解关键绩效指标。当只有关键绩效指标时，人们要做的事似乎也很明确，但是在复杂情形下，完成关键绩效指标并不意味着达成关键成果指标，更谈不上实现战略目标。而关键绩效指标和战略目标的脱节往往要到工作交付的尾声，甚至工作交付后才能被发现。

假设组织只要完成计划好的任务就能获得想要的结果，那么 OKR 的优势并不明显。在目标清晰，没有难度和风险，外界环境也不会带来意外的情况下，使用 KPI 还是 OKR，又或者使用其他任务管理方法，从最终效果上看没有明显的区别，所以在一些高度流程化、规范化的岗位上，使用 OKR 并不能带来预期的好处。但如果过程中充满了不确定因素，从而导致计划和任务总是被迫频繁地变化，那么以任务为目标的方式（也就是 KPI 系统会导致的方式），则会带来巨大的风险。因为一旦聚焦完成关键绩效指标，就很难发现关键绩效指标本身已经不合适了这个事实。而此时 OKR 的优势就会体现出来。OKR 只负责描述价值，并要求过程的部分通过 OKR 季度评审、OKR 日常检查等活动，定期、频繁地对齐 OKR。这样做能帮助组织尽早发现指标、任务和计划的不足。无论过程中采用的是敏捷迭代的方式，还是精益价值流的方式，或是瀑布式管理的方式，又或是简单粗放地进行任务制定和跟踪的方式，在它定期对齐 OKR、检查 OKR 进度的时候，就很容易发现当前的任务、迭代方向是否正确，效率是否达标，从而能及时对工作方向和内容做出调整，避免大量的资源浪费。

当下各类组织面临的不确定性主要来源于两大类因素：一类是技术的复杂性，其主要取决于项目的规模大小、细节多寡、技术本身的成熟度、组织内技术人员的专业水平等；另一类是需求的不确定性，其主要取决于客户对自身需求的理解和描述、竞品的变化、外部环境的变化、预算的变化等。如图 1-3-3 所示，在确定性高的情况下，KPI 已经是一个足够好的方案；

而在不确定性高的情况下，OKR 才是更好的方案。

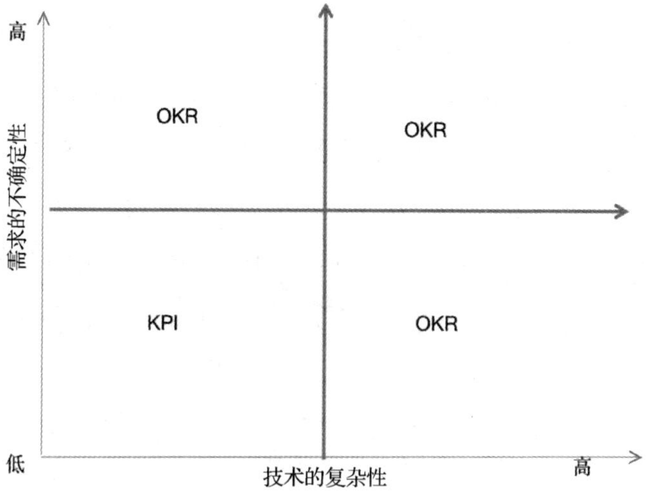

图 1-3-3

例如，在竞争激烈的互联网行业中，需求的不确定性和技术的复杂性都是很高的。如果把任务当成目标，就会发现目标总是会由于各种原因不得不频繁地改变，而频繁地改变目标不仅会影响价值的持续产生，还会导致一些工作半途而废，造成资源上的浪费，并且可能对组织内员工的情绪造成负面影响。调查发现，许多互联网团队都长时间深陷需求变化的泥淖。在这种背景下，使用 OKR 就会稳定很多。因为不管过程的复杂性是怎样的，组织最终要达成的目标一般不会变，而且当发生变化的时候，团队可以通过对齐 OKR，做出正确的决策。

又如，京东、天猫等电商平台运营一次大型促销活动需要销售、运维、研发、测试、产品等多个部门协作。对各个部门来说，工作复杂性都很高。如果采用 KPI 的方式自上而下制订方案，那么在定义关键绩效指标和任务的时候，必然无法识别所有任务和风险。当各个团队按照计划和任务推进时，就会被各种突发事件困住。如果突发事件的影响是全局性的，则要重新召集所有团队讨论应对方法，该过程十分烦琐，而且参与的人越多，越难达成共识，即使暂时达成一致意见，也可能给将来埋下隐患。在这种背景下，使用 OKR 应对就变得很容易。虽然计划和任务无法准确预估，但是希望各职能团队达成的目标和关键结果是比较容易识别和量化的，包括销售团队的各渠道销售额、运维的稳定性指标等，测试团队的时间、质量、满意度指标等。首先，组织使用 OKR 声明协作最终要达成的结果，并分解为各团队的 OKR，用于指导各团队的工作；其次，将执行过程中的指标、任务、计划，以及对变化的应对和管理等授权给各团队，使其能够灵活应变；最后，通过定期检查 OKR 的进度，以监测过程的有效性、提示风险等。这样既保证了协作的质量，又避免了每当发生一些变化时就要全局统筹的管理成本。

再如，如果某银行希望在 2022 年，实现中小企业客户的数量翻三倍，这就是一件不确定性很高的事情，因为没有哪种方案能保证该目标一定能达成。相关销售部门可以将 OKR 作为目标指引和价值度量的尺子。这样在执行可选方案的时候，销售部门可以通过每月对齐 OKR，达到推进进度、发现最优方案及对方案进行合理的调整等目的。这样做不会把人们的行动和思维限制在已选定的方案范围内，实现了灵活性和适应性。

但同样是在银行内部，对诸如开办银行卡、申请信用卡等固定流程上的操作人员来讲，工作内容固定，任务清晰，目标明确，客户需求的变化也不大，这时使用 KPI 就足够了，引入 OKR 未必能获得更大的效益。

除面临不确定性之外，组织还面临自身的复杂性。

组织的复杂性来自两大因素。

（1）组织内的垂直层级数量。组织内的垂直层级越多，内部沟通的复杂性越高，组织的战略目标（也就是做事的目的和意图）传递就越困难，越到下级越可能只把任务当作目标。在这种情况下，OKR 能更好地发挥价值导向的作用，引导组织上下级都聚焦目标和结果。而如果组织规模小，员工少于 200 人，垂直层级少于 4 层，则内部沟通的复杂性比较低，发现问题相对及时，调整成本也较低。在这种情况下，使用 OKR 和使用 KPI 带来的价值差异并不大。

（2）项目涉及的横向协作的团队数量。完成一个项目所涉及的横向协作的团队数量越多，内部沟通和协作的复杂性就越高。如果按 KPI 的做法，将大块任务分解到各个团队，一旦某项任务因为不可抗力因素需要进行大的调整，就会“牵一发而动全身”。由于组织内普遍存在“部门墙”，跨团队协作时所需要的协调更加复杂。各部门可能为了维护自身利益，甚至不惜放弃整体的目标。在 KPI 体系下，由于人们对目的和意图缺乏统一、明确的认识，协作时很容易演变成以保证自己的 KPI 完成为目标，对与自身 KPI 无关的协作请求尽可能减少投入。这种做法加固了“部门墙”，而使用 OKR 可以避免这一点。因为如果整体的 OKR 没有达成，那么即使各部门的任务或指标完成了，也不能算获得了成功。这时各协作团队的视角自然就从如何保证自己的任务或指标完成，转变为如何保证整体的 OKR 达成，协作和支持自然也就纳入了日程。

如图 1-3-4 所示，组织内的垂直层级数量越多，项目涉及的横向协作的团队数量越多，使用 OKR 带来的收益就越大。反之，组织结构简单，层级少，跨团队协作少，使用 KPI 就足够了。当然，在这种情况下也可以使用 OKR，只是其带来的价值并不比 KPI 大很多。

从本质上来讲，KPI 是一种静态思维，即要求需求和环境变化缓慢，并且可以充分预估。只要计划做得足够完善、详尽，那么按部就班地执行即可达成目标。这是因为 KPI 诞生于工业时代中后期，市场和需求相对稳定，技术成熟，流程化程度高。管理工作主要是进行精准的计划和控制，员工只要按照组织的要求来执行即可。

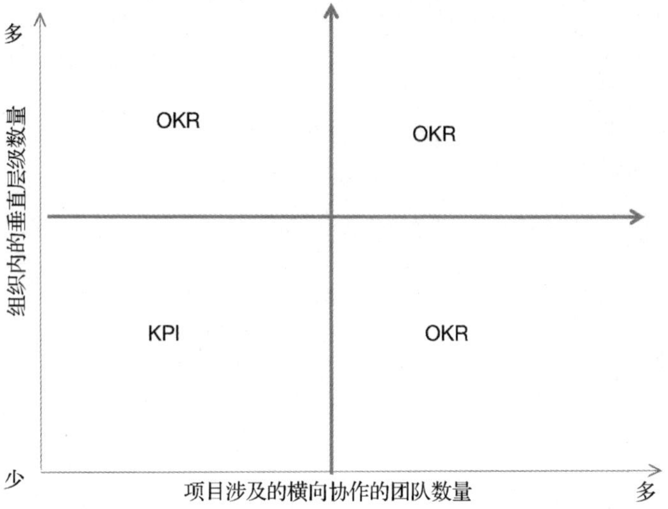

图 1-3-4

OKR 是一种动态思维。OKR 主张管理过程中的复杂性是不可避免的，与其试图控制复杂性，不如在终点竖起一杆旗杆，给过程指明方向，让人们免于迷失在过程中。因此，OKR 作为一种工作方法，在复杂性高、不确定性高的工作环境里能带来更高的价值。这也解释了为什么 OKR 在 20 世纪 70 年代就诞生于英特尔，但是直到 20 世纪 90 年代才开始崭露头角，在 2010 年后才逐渐形成趋势。20 世纪七八十年代，虽然在小范围内 OKR 取得了不错的成绩，被验证有效，但是对主流的处于工业化成熟阶段的企业而言，OKR 带来的价值并不突出，而 KPI 更加易用、高效。20 世纪 90 年代初，互联网行业开始崛起，一个崭新的蓝海被开辟出来，各行各业面临的内外部的不确定性和复杂性骤增，这一趋势一直延续到现在，并扩大到越来越多的传统行业。此时，KPI 在这种环境中的设计弊端显现出来，而 OKR 的适用范围也扩大了，最终使得该方法广为流传。

探讨 OKR 的适用范围的价值一方面在于更深刻地了解 OKR 的机制和其擅长解决的问题，从而在学习和应用的时候达到更加专业的程度；另一方面，虽然许多行业和组织面临不确定性，但是还有许多行业和组织的流程化、标准化程度比较高。OKR 的使用是需要付出一定的管理成本的，了解 OKR 的适用范围有利于帮助各个组织选择“性价比”高的方法。

小结：

- OKR 在复杂性高、变化频繁的领域能发挥更大的作用。
- KPI 在简单、确定的领域能发挥更大的作用。
- OKR 的使用是需要付出一定的管理成本的，如果其不能为组织带来好处，则不可持续使用。因此，在使用 OKR 时，组织需要辨别行业和岗位，尽可能在 OKR 能带来较大价值的领域使用。

1.4 OKR 与敏捷方法

OKR 与敏捷方法的起源背景一样。这个背景就是随着信息技术的迅猛发展，随之而来的一波生产力、生产工具、协作方式的变化。这一剧烈的变化始于 20 世纪 90 年代，一直延续到今天，暂时还预见不到它重新回到稳定、平衡的时间。

信息技术开辟了一片蓝海。蓝海市场虽然竞争少，但是没有人明确知道什么样的产品形态或者服务形态能捕捉到蓝海市场的潜在价值。因此，对在蓝海市场淘金的组织和个人来讲，会面对非常大的波动性（Volatility）、不确定性（Uncertainty）、复杂性（Complexity）和模糊性（Ambiguity），人们用“VUCA”来形容这个领域的特点。随着信息化蔓延到大部分领域和行业，当前整个时代都被称为 VUCA 时代。

在 VUCA 时代，人们协作的方式较从前发生了变化。首先，制定标准化流程、明确的岗位职责、结构化协作方式等传统管理实践的可行性受到了很大的挑战；其次，流程化管理方式无法进行创新，无法快速响应变化。VUCA 时代的组织迫切需要一种能够帮助其快速响应外界变化，尽早交付价值和发现决策、计划中的问题，并且成本相对较低的管理方法。哪种方法能满足这些要求，它就会迅速流行起来。

OKR 与敏捷方法都是能够满足 VUCA 时代组织需求的管理方法，这是二者的相同之处，但二者在满足组织需求的方式上略有不同。

一、OKR 与敏捷方法理念上的异同

OKR 认为组织希望实现的价值一直以来没有改变。VUCA 时代带来的挑战主要作用于过程，让过程变得不可预测，更不可控。组织与其试图掌控实际上很难掌控的过程，不如一开始就清晰地描述目标及证明目标达成的关键要素，并将其作为一把尺子，通过经常对标这把尺子检测日常工作的方向、效率，从而尽早发现问题、纠正问题。对于工作的计划、执行和跟踪，OKR 不进行过度干预，而是遵循向下授权的原则，让下级在工作的过程中依照 OKR 进行应变。同时，由于 OKR 清晰、可度量，能够降低信息在组织内传递的成本及随着传递被扭曲和误解的程度。

敏捷方法采取和 OKR 不同的路径。面对 VUCA 时代带来的挑战，敏捷方法主张尽早交付可用的产品，以获取反馈。通过反馈调整未完成的计划和任务，从而及时调整方向和减少不必要的工作。这样较短的迭代周期保证了反馈和调整频繁地发生，方向性的问题能被尽早发现，从而达到以低成本拥抱变化的效果。

虽然 OKR 与敏捷方法有上述不同，但 OKR 与敏捷方法都提倡通过信息透明化，降低协作成本和信息传递成本，通过授权团队自管理，降低应变成本和管理成本。

由于二者在应对 VUCA 时代的挑战上都有着良好的表现，虽然它们诞生的时代不同，但都在 VUCA 时代先行者们的聚集地——硅谷，找到了适用的土壤，并获得发扬光大。

二、OKR 与敏捷方法在组织管理中的位置关系

虽然 OKR 与敏捷方法都是为了更好地适应 VUCA 时代而生，但是二者应对问题的策略导致它们实际上是在不同管理层级上解决问题，并不是处在同一领域、存在竞争关系的管理方法。

在组织的运营过程中，战略指明方向，而计划、任务是为了实现战略所需要采取的具体行动。战略往往过于宏观，其在指导日常生产活动的时候不能对很多问题给出明确的答案。因此，在战略和任务之间需要一层相对短期的（如以年为单位的、包含更多细节的）目标。这一层目标往往是通过 OKR 和 KPI 之类的方法来实现的。

而组织日常的计划和任务制订、流程管理、绩效管理等一系列活动，目的都是实现年度目标，同时推进宏观战略目标的实现。人们熟知的项目管理方法、敏捷方法、精益方法等都是这一层的优秀实践。

由于以上不同，OKR 与敏捷方法赋能组织的方式有了本质的差异。OKR 通过帮助组织聚焦目标，让人们工作的时候“知其然，知其所以然”；而敏捷方法通过让员工更多地参与需求管理、流程管理，来提升自我管理的能力。虽然都是赋能组织，但二者赋能的方式并不相同。

三、OKR 与敏捷方法的结合

OKR 一方面对日常工作起到方向上的指导作用，另一方面是一把标准的尺子，用来检查执行层的工作是否有效，从而尽早发现问题；而敏捷方法在执行层通过迭代的方式生成阶段性结果。KR 的进度产生可见的变化，

可能需要一次迭代甚至多次迭代。因此，OKR 与敏捷方法的科学结合方式应该如图 1-4-1 所示。

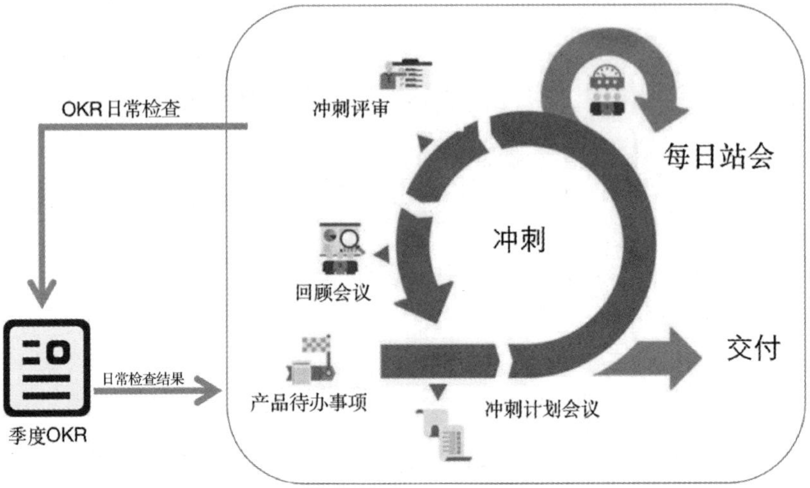

图 1-4-1

从流程的角度来讲，敏捷方法理论上每次迭代的末尾都会产出最小的、可见的、可用的结果，这样的结果可能导致某个 KR 的进度发生变化。因此，当每次迭代评审会议结束后，要进行 OKR 检查，观察阶段性的迭代结果对 OKR 进度的影响是否在预期范围内，这样做能使得 OKR 的进度标尺作用得以发挥。

从需求的角度来讲，敏捷项目将产品需求转化为产品待办事项列表。在该列表中，优先级高的、近期要完成的待办事项应该来自季度 OKR；远期的、优先级低的待办事项应该在年度 OKR 中有所体现。在某些情形下，待办事项并不是从 OKR 中直接分解而来的，但是待办事项如果完成后，部分 OKR 的进度应该有明显的变化。如果随着待办事项的不断完成，OKR 的进度迟迟没有发生变化，则预示着待办事项的制定和分解存在问题，项目组需要及时对需求进行检视和调整。OKR 就是这样在敏捷项目中发挥目标指引作用的。

OKR 用于明确最终目标，并检测过程的有效性；而敏捷方法擅长通过迭代降低过程中的复杂性和变化性。OKR 与敏捷方法的结合属于有机结合，不仅不冲突，还能够发挥互相支持的作用。

如果在年度目标上使用 KPI 方法，在执行层使用敏捷方法，这样的结合则无法发挥敏捷方法的威力。因为 KPI 是相对确定的指标，而且当其分解到执行团队或个人时，已经是比较详细的任务了。在要求相对明确的情况下，使用敏捷方法和瀑布工作法（或其他方法），收益上并无太大区别。只有在目标明确，但是在如何达成目标上有较大探索空间时，使用敏捷方法的收益才非常明显。

同样，如果在年度目标上使用 OKR 方法，在执行层使用瀑布工作法（或其他方法），这样的结合则无法发挥 OKR 方法的威力。因为只有经常对齐 OKR，才能发挥其指导作用，但是瀑布工作法往往只有在项目的结尾才会产出可见结果，在过程中不会像敏捷方法那样频繁地产出阶段性结果。因此，在使用类似瀑布工作法的方法时，在过程中对齐 OKR 没有意义，等有结果了再对齐 OKR 又太迟了，这对拥抱变化、尽早发现问题等都是不利的。

基于 OKR 和敏捷方法的诞生背景，以及它们在应对变化方面的特点，笔者强烈建议处于以下阶段或者情况中的组织、团队参考前文提到的方法，将二者有机结合起来使用，以取得事半功倍的效果。

（1）创新工作或者探索工作占工作内容的大部分时。

（2）涉及重大转型的早期阶段。

（3）客户的需求不明确、变化频繁的阶段。

（4）项目复杂性高、协作团队数量多的情况下。

（5）技术不成熟，可能遇到潜在挑战的情况下。

小结：

- OKR 与敏捷方法都能够快速响应变化，但在响应变化的机制上略有不同。
- OKR 是终极目标，敏捷方法则作用于实现终极目标的过程。
- 让 OKR 与敏捷方法进行有机结合，可以在很多情况下取得事半功倍的效果。

第 2 章

OKR 制定阶段的 5 条军规

2.1 制定“目标”，而非制定“任务”

OKR 有个特点，即一听就会，一做就错。这是因为 OKR 在实施的时候，需要人们进行思维模式和行为习惯的转变，以及探究原因和价值的技巧。如果这些不具备，写出来的 OKR 只是把旧思维模式和行为习惯换了个格式装裱一下，在实际工作中并不会获得理想的效果。许多组织在制定完 OKR 之后发现，所做的只是将过去的 KPI 换了个格式而已，组织内部并没有发生根本性变化，其背后原因正是如此。

为了改变旧思维模式和行为习惯，让 OKR 得以正确实施，组织需要在具体操作的时候遵循一些原则。如果组织能像军人遵守军规一样严格遵循这些原则，就能避免一些常见的错误，并有可能在短时间内让 OKR 给组织带来价值。其中，第一条军规是：

制定“目标”，而非制定“任务”。

组织要想发挥 OKR 的威力，首先要能够区分目标和任务，并自始至终以目标为导向。

一、如何区分“目标”和“任务”

如果一个人要减肥，那么“达到理想身材”是其目标，而不是诸如“未来 14 天，每天跑 2 千米”“每天少摄入 300 卡路里热量，坚持一个月”这样的“目标”。因为前者是 OKR 所主张的真正的目标，后者只是任务型目标；前者解释的是目的和意图，后者只是渠道和手段；后者完成了，前者并不一定能达成。只要我们想清楚了这些，就能明白为什么很多时候即使完成了既定“目标”，但结果仍然没能令人满意。

在实际操作中，人们之所以很容易将任务作为目标，是因为人们的思考流程往往如图 2-1-1 所示。

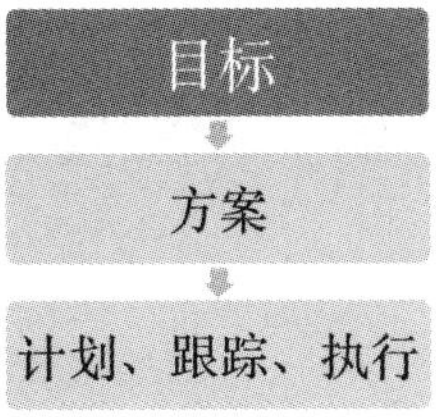

图 2-1-1

当人们锁定目标或者问题后，会立刻调用自己的知识和经验，形成一个解决方案，下一步则是调动资源，制订计划，接着将这个解决方案落地。在组织中，上级选定的方案一旦被分解到下级就成了任务，并且级别越靠下任务越具体。

在这个过程中，一旦人们脑中形成了解决方案，接下来就会以实现这个方案，完成由它分解出来的任务为目标，最初想要解决的问题反而被搁置了。

例如，“减肥”是“达到理想身材”的方案之一，而“未来 14 天，每天跑 2 千米”是该方案分解出来的一项任务；“提升专业技能”是“提升职场竞争力”的方案之一，而“读 3 本专业书籍”是该方案分解出来的一项任务。在现实生活中，大多数人在制定目标的时候，往往以制订好的方案和任务为目标，很少直接以愿望本身为目标。

再举个例子，某公司有一个 OKR 如下。

O：在公司中层落地“三板斧”管理模型；

KR1：2021 年 5 月 15 日前完成“三板斧”管理模型在中层管理人员中的培训；

KR2：2021 年 7 月 31 日前完成“三板斧”管理模型的落地；

KR3：2021 年 9 月 30 日前完成“三板斧”管理模型落地情况的调查和汇报。

“在公司中层落地‘三板斧’管理模型”显然是一个方案，而并非 OKR

所主张的目标。因为它传递的是“做什么事”，而不是说明要实现何种目的和意图。经过调查和访谈得知，该公司希望通过引入业内流行的“三板斧”管理模型来提升中层管理人员管理团队的能力。因此，“提升中层管理人员管理团队的能力”是目标，而“在公司中层落地‘三板斧’管理模型”只是公司高层为实现目标，从众多可能的解决方案中选出的一个。然而，公司高层在制定 OKR 的时候，只将选择的解决方案作为目标列出来，并没有把目的和意图列出来。

类似的方案型目标，还有“实现公司的数字化转型”“实现公司的‘投研一体化’”等，这类“目标”本质上都是为了解决公司内部现存的一些问题，或者为了实现某些价值而选择的方案，并不是 OKR 所主张的目标。

事实上，“方案型目标”不只出现在公司高层，在公司的各个层级都很常见，示例如下。

- 在研发团队中常见的“提高产品质量”是“提高客户满意度”这个目标的方案；“提高自动化测试覆盖率”是“缩短测试时间，减少人为失误”这个目标的方案。
- 在 HR 团队中常见的“降低员工的离职率”是“减少员工离职给公司带来的损失”这个目标的方案；“为员工提供高质量的培训”是“保障公司运营发展所需要的人才、技能、水平”这个目标的方案。

这些例子非常普遍，它们反映出一种普遍的、客观存在的思维模式，那就是行为驱动，而不是目标驱动的思维模式。在这种思维模式的驱动下，目的和意图只是在最初讨论方案的阶段有用，一旦方案确定下来，就没有人再关心目的和意图了，而方案的执行成了工作的重心。

例如，一些 HR 认为，员工离职给公司带来了损失，那么对应的解决方案——“降低员工的离职率”也就成了其目标。一旦“降低员工的离职率”成为 HR 的目标，他们就会主要关注离职率的波动，想方设法降低员工的离职率，如采取提升员工福利标准、给管理人员提供培训、为员工提供内部转岗机会、提高离职门槛等措施，这些措施导致人力资源维护的成本过高。虽然到了年底员工离职率如愿以偿地降低了，但是整体计算，公司的损失反而比员工离职率高的时候还大。

如果一开始就将“减少员工离职给公司带来的损失”作为目标，以月为单位检查“降低员工的离职率”及其细节措施是否在减少公司的损失方面起到了正面作用，就会很容易发现该方案的效果和存在的问题，从而对该方案进行完善、补充，考虑增加其他方案，甚至停止当前方案，切换到更有效的方案上去。

因此，组织只有使用能够描述出目的、意图、愿望的目标来指导工作，并且度量方案的有效性，才能尽早发现当前方案中不足的地方，并尽快采取措施。然而，如果组织将方案作为目标，往往要到执行的中后期，方案中存在的问题造成了严重的后果，才能引起人们的警觉。例如，某公司将“在公司中层落地‘三板斧’管理模型”作为目标，即使“三板斧”管理模型不适合该公司，也要等到执行了相当长的一段时间，实在看不到结果时，才会被公司高层放弃或者慢慢淡出人们的视线，而在这个过程中投入的大量财力、人力、时间就成了沉没成本。如果该公司在落地“三板斧”管理模型的时候，将“提升中层管理人员管理团队的能力”作为目标，就可以通过经常对齐该目标，尽早发现该管理模型对公司是否有效、效果好坏、应该加大投资还是应该及时止损等。

许多组织都在强调执行力，似乎组织无法取得预期的结果，是因为执行力出了问题。但事实上，假如组织内部的目标传递系统向下传递的是方案或者任务，并且方案或者任务本身就存在问题，那么下级的执行力越强，反而越会带来灾难。

在某些组织中，管理层寄希望于执行层能够在工作过程中发现决策层制订的方案和计划存在哪些问题，并及时向上级反馈。但管理层忽略了一点，即在没有深入了解方案的目的和意图的情况下，人们是很难发现真正的问题的。创新对这类组织来讲非常困难，因为方案一旦被定为下级的目标，就同时将下级的行为限制在方案的范围内。例如，上级制定了方案性质的目标——“将员工的离职率降低至 10%”之内，下级创新的范围就会被限制在“如何将员工的离职率降低至 10%”之内。即使下级质疑该方案的有效性，想跳出来看看有没有更好的方案，但是在不了解最终目标的前提下，很难形成有效的想法和建议。因此，组织在鼓励员工创新，跳出思维定式的时候，要先审视一下自己的目标制定和传递系统是否已经成为创新的第一道桎梏。

综上所述，组织将目的、意图、愿望作为目标，能够带来以下好处：

（1）给工作提供更加清晰、明确的指导；

（2）尽快发现现有工作方案中存在的问题；

（3）为创新活动创造条件。

这就是为什么在 OKR 的概念里，强调 O 要能够清楚地传递目的和意图；这也是为什么“制定‘目标’，而非制定‘任务’”会成为落地 OKR 的第一条军规。

二、如何避免将“任务”写成“目标”

在实践过程中，遵守“制定‘目标’，而非制定‘任务’”这条军规并不是一件容易的事情。行为驱动的思维模式成因很多，如教育过程中采取的方式、旧管理方法的长期影响等。因此，要想写好目标，本质上要先改变思维模式，克服习惯的影响。这是有些难度的，好在有一些方法可以让改变的过程变得容易一些。当书写 OKR 的时候，如果觉得目标写得像方案或者任务，那么可以尝试使用“五问法”或者“填空法”检验。

“五问法”是对一个问题由浅至深连续追问五次为什么，以找到根本原因的提问方法。当然，操作时不限于必须问五次为什么，次数可多可少，只要找到根本原因即可。

某火锅店在年初设立了一个目标，即“取得 100 万元营业收入”，对该目标使用五问法的过程如图 2-1-2 所示。

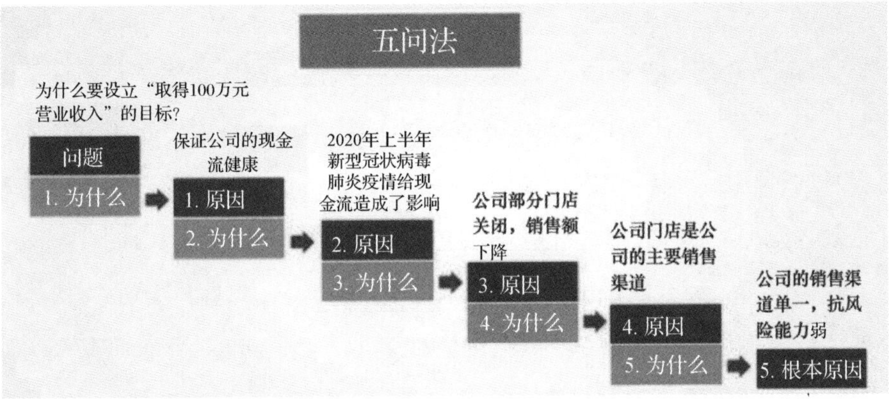

图 2-1-2

当通过五问法找到根本原因之后，并不意味着可以直接将其拿来当作目标。五问法的作用是针对方案或者任务进行提问，探寻其背后的目的和意图。在此过程中会浮现出许多有价值的信息，我们从中可能整理出一个或者多个目标。根据图 2-1-2 呈现出来的信息，我们可以获得以下启发：

- 新型冠状病毒肺炎疫情给公司的现金流造成了影响，该火锅店设立“取得 100 万元营业收入”目标的目的是改善公司的现金流；
- 该火锅店要想达到改善现金流的目的，除提高营业收入之外，还应该降低成本；
- 公司的销售渠道单一，迫切需要增加销售渠道，以增强公司的抗风险能力。

根据这些启发，我们可以总结出图 2-1-3 右侧所示的 OKR。

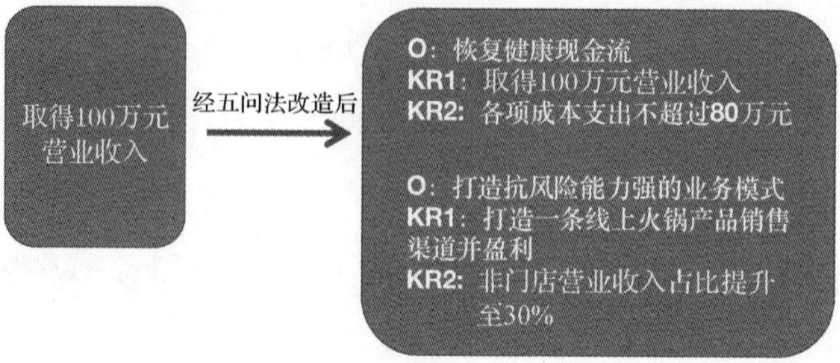

取得100万元营业收入
经五问法改造后
O：恢复健康现金流
KR1：取得100万元营业收入
KR2：各项成本支出不超过80万元
O：打造抗风险能力强的业务模式
KR1：打造一条线上火锅产品销售渠道并盈利
KR2：非门店营业收入占比提升至30%

图 2-1-3

“取得 100 万元营业收入”的目标是该火锅店的领导者根据目前面临的问题，提出的一个任务型目标。该目标虽然清晰，但是由于它被制定者及制定时的环境所影响和限制，可能存在不合适、不全面、随着时间推移不再有效等问题。因此，即使该目标达成了，并不意味着火锅店的现金流一定会获得改善。经五问法改造后的 OKR 更加全面，并具有指导性。火锅店的各级员工可以通过改造后的 OKR 尝试多种方案；同时，在选择某个方案并制定任务开始执行后，改造后的 OKR 还可以提供稳定的度量标准，从而可以检测方案和任务的有效性，并尽早发现问题。

“填空法”也是一种可以用来提炼目的和意图的方法。面对一个看起来像任务的 O，我们可以给下面的句子填一下空：

因为做到了“O”，所以获得了______。

我们可以在上述句子的空白处填写希望通过完成任务获得的价值。拿“实现公司的数字化转型”的例子来说，填空的结果是这样的：

因为“实现了公司的数字化转型”，所以 客户增长和维护的成本更低了 。

显然，“降低客户增长和维护的成本”更能清楚地传递目的和意图，如果以它为目标，则会很容易引发一些思考。例如，仅仅通过数字化转型是否能够帮助公司达成目标？数字化转型是否是达成目标的唯一方案？数字化转型应该侧重哪些方面？一个好的目标能够引发人们思考，而不是把人们的行为限制在某个具体的方案或者任务范围内。

从“以任务为目标”的方式转向使用真正的目标指导任务的制定和变更，不仅涉及认知的改变，还涉及思维模式和行为习惯的改变。人们在这里遇到的困难远远超出想象。“五问法”和“填空法”都是简单、易用的引导方法，在 OKR 实践的初期，组织可以经常使用，从而写出真正的目标。只有使用真正的目标，才能发挥 OKR 的作用，避免“换汤不换药”“新瓶装旧酒”等情形的出现。

小结：

- 把“目标”写成“任务”会让 OKR 失去其应有的作用。
- 把“目标”写成“任务”的做法改起来并不容易，因为背后起作用的是思维模式和行为习惯。
- 我们可以通过“五问法”和“填空法”来扭转任务思维。

2.2 区分“任务”和“关键结果”

通过遵守第一条军规——“制定‘目标’，而非制定‘任务’”，能够在一定程度上帮助 OKR 的使用者把目光聚焦到真正应该关心的事情上。但是任务思维的影响太大，一条军规的力量还不够，在制定 OKR 的时候，我们还需要严格遵守另一条军规，把目光聚焦到真正的目标上。第二条军规是：

区分“任务”和“关键结果”。

一、如何区分“任务”和“关键结果”

一个在 OKR 实践中存在的错误认知是，在 OKR 中，O 负责解释 Why（为什么），KR 负责解释 How（如何做）。基于这种认知，人们制定出如下

OKR 就是很自然的事情。

O：穿上原来能穿的那条牛仔裤；

KR1：节食——每天少摄入 500 卡路里热量；

KR2：每周进行三次有氧运动，每次 30 分钟；

KR3：每周进行一次负重运动。

首先，上述 KR 并不是关键结果，而是任务。面对这种 OKR，我们需要反思以下问题。

（1）当 KR 达成之后，是否意味着 O 一定能达成？

这个问题的答案显然是否定的。事实上，组织可能达成了所有的 KR，但是还远远未达成 O；KR 可能制定得并不全面，并且一些问题只有在 KR 执行的中后期才能引起人们注意；KR 还有可能面临一系列挑战，导致最终执行不下去，不得不换成其他 KR，或者直接宣布目标挑战失败。

（2）假如 O 达成了，那么其是不是一定是通过 KR 达成的？

在“穿上原来能穿的那条牛仔裤”的例子中，如果 O 达成了，则其也可能是通过其他方式达成的，并不局限于例子中所列举的 KR，可能还有更好的方式。这里显现出的风险就是，如果过早地选定一条路线，就会自动将其他可能的路线排除，这可能要付出错失更优方案的机会成本。

因此，如果遵循“O 负责解释 Why，KR 负责解释 How”的思路，那么仍然避免不了达成了 KR，但 O 仍然未达成的问题。

OKR 要求关键结果是“用来描述达成目标的必要条件”，即 O 与 KR 之间互为因果关系。正确的 OKR 应该如下。

O：穿上原来能穿的那条牛仔裤；

KR1：腰围减少 3cm；

KR2：大腿围减少 2cm；

KR3：体脂率下降 5%。

首先，该例子中 KR 对应的数字描述了达成 O 所应实现的结果。KR 不是任务，它需要完成一系列任务才能达到，是任务产生的结果，就像腰围减少 3cm 是节食、进行有氧运动等一系列活动会产生的结果一样。

其次，该例子中 O 与 KR 之间互为因果关系，即如果 KR 达成了，就意味着 O 也达成了；同时，如果 O 处于达成状态，那么 KR 也肯定达成了。

在该例子中，之所以没有将体重作为指标，是因为单纯减轻体重未必能带来“好身材”，如果肌肉松弛，那么仍然可能穿不上原来能穿的那条牛仔裤。另外，如果通过健身增肌的方式让身材指数达标了，体重可能并不会减轻。因此，体重的减轻并不一定能达成，即它并不是一个好的 KR。很多时候，人们认为只要做到了 A，肯定能获得 B，于是会把做到 A 当作目标。但事实告诉我们，做到了 A 未必能获得 B，OKR 认为把 B 直接拿出来当作 KR 更稳妥。

因此，“O 负责解释 Why，KR 负责解释 How”不成立。在 OKR 的范围内，并不包括探讨怎样做和具体做什么。O 和 KR 互为补充，对要到达的终点、获取的价值进行精准的描述，从而起到指导工作的作用。关键结果是目标的子集，每达成一个关键结果，应该意味着收获了目标代表的价值的一部分；当达成所有关键结果后，就意味着收获了目标代表的全部价值。

再举一个例子，“提高客户满意度”在各类组织中是一个常见的目标，图 2-2-1 所示为遵循任务思维制定出来的 OKR（任务型 OKR）和真正的 OKR（结果型 OKR）的区别。

如图 2-2-1 所示，对于左侧的任务型 OKR，即使在其所列 KR 达成之后，客户也有很大概率不满意，并且有可能在所列 KR 之外提出其他要求。如果用该 OKR 指导下级团队的工作，下级团队就会将精力集中在所列 KR 上，不可能主动发现其他影响客户满意度的因素，并向上反馈或者主动采取措施。

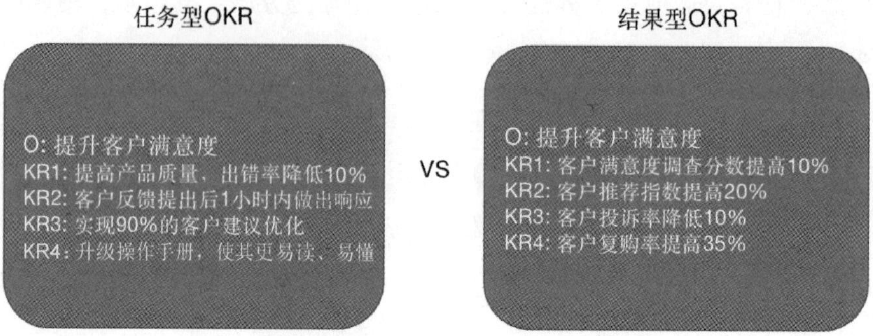
任务型OKR
O：提升客户满意度
KR1：提高产品质量，出错率降低10%
KR2：客户反馈提出后1小时内做出响应
KR3：实现90%的客户建议优化
KR4：升级操作手册，使其更易读、易懂
VS
结果型OKR
O：提升客户满意度
KR1：客户满意度调查分数提高10%
KR2：客户推荐指数提高20%
KR3：客户投诉率降低10%
KR4：客户复购率提高35%

图 2-2-1

而对于图 2-2-1 右侧的结果型 OKR，O 和 KR 互相补充，明确了组织要达成的目标和关键结果。如果用该 OKR 指导下级团队的工作，下级团队就可以通过检查该 OKR 中各 KR 的进度，及时发现当前的任务对进度的贡献情况，从而及时进行反思和调整。

形象一点说，如果目标是“抵达罗马城”，那么 KR 不是选择哪条路、乘坐什么交通工具，KR 应该是“意大利首都”“东经 12.5 度，北纬 41.8 度”“城内有标志性建筑罗马斗兽场、君士坦丁凯旋门”等辅助说明罗马城精确位置的表述。

二、区分“任务”和“关键结果”的好处

严格遵守“区分‘任务’和‘关键结果’”这条军规，能够给组织带来以下好处。

1. 明确目标

明确目标说起来容易，做起来难。除一些直接可量化的指标之外，在企业的绩效考核中，大到“提升客户满意度”“实现组织的数字化转型”，小到“提升交付质量”“提升工作效率”，这些常见的目标都是非常模糊的，在

内部传递的过程中容易产生分歧。在组织中，当上级抱怨下级执行力差的时候，本质上是在抱怨下级执行的结果不是自己想要的，而问题的根源往往可以追溯到上下级之间在最初传递目标时就产生的理解上的分歧。

关键结果能够起到辅助说明目标的作用。以图 2-2-1 中右侧的结果型 OKR 为例，“客户满意度”是个模糊且覆盖甚广的概念，四个 KR 首先划定了在该目标内需要具体关注的范围，其次设定了程度，这样 OKR 作为一个整体就变得非常清晰、没有歧义。

在常见的甲方和乙方的沟通过程中，一般甲方提出需求，乙方提出解决方案，并提供可信的证据证明该方案能满足甲方的需求。经甲方同意后，乙方开始实施方案。当产品或者服务交付的时候，乙方度量目标是否达成，主要看方案是否顺利实施；而甲方度量目标是否达成，主要看自己的需求是否得到满足。因此，甲乙双方对目标“达成”的定义是有本质区别的，而“方案”是否能够满足甲方的需求，在一开始就存在不确定性，这就导致在结果验收的时候双方各执一词。虽然有合同约束，可以保障乙方的付出有基本的回报，但是甲方的满意度显然并不会高。

关键结果的本质是问甲方“当你获得什么样的结果之后，就意味着你的目标达成了，或者需求得到了满足”。对于乙方提供的“方案”是否能够满足自己的需求，甲方是非专业人士，显然无法给出建议，只能暂时选择信任乙方；但是对于自己要获得什么样的结果，甲方能给出相对准确的描述。而对乙方来说，无论在过程中采取何种方案，在细节上如何实施，如果结果没达成，那都不算达成目标。由此可见，使用关键结果能帮助双方对“达成”的定义达成一致意见。

2. 有效地度量进度

当人们以任务为目标，度量任务的进度时，结果往往不能让人满意。因为完成任务并不意味着目标达成，就像有些人虽然完成了健身打卡计划，但身材仍然没有达到理想状态一样。在许多组织内，在进行工作汇报的时候，每个团队都会汇报相当多的工作，也通过各种会议、工具来跟踪任务的进度，记录任务的完成情况。但是，组织在最终汇总结果时发现并没有达到预期，因为跟踪和度量任务的进度是一件很低效的事情。

研究发现，将关键结果作为度量目标进度的指标十分有效。如图 2-2-2 所示，组织可以在日常执行计划和任务时，定期向上对齐关键结果，查看关键结果的进度是否有变化。因为关键结果是目标的子集，所以当关键结果的进度发生变化时，就意味着目标的进度也发生了变化。如果关键结果的进度比预期缓慢，则证明应对任务和计划进行调整。

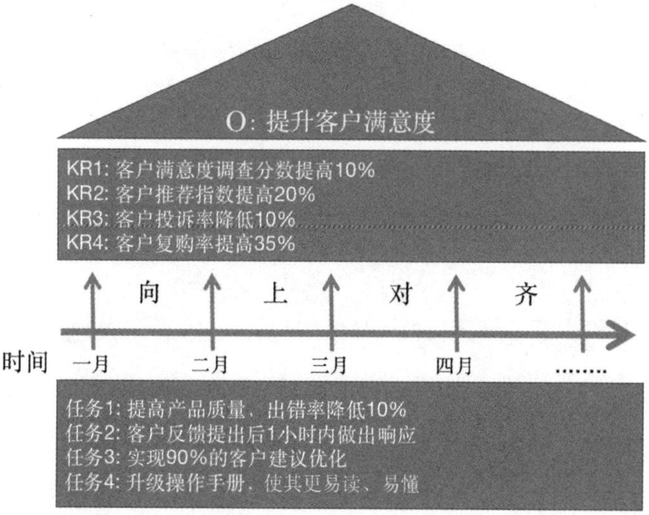
O：提升客户满意度
KR1：客户满意度调查分数提高10%
KR2：客户推荐指数提高20%
KR3：客户投诉率降低10%
KR4：客户复购率提高35%
向
上
对
齐
时间
一月
二月
三月
四月
……
任务1：提高产品质量、出错率降低10%
任务2：客户反馈提出后1小时内做出响应
任务3：实现90%的客户建议优化
任务4：升级操作手册，使其更易读、易懂

图 2-2-2

组织将关键结果作为度量目标进度的指标，能尽早发现计划、任务在制订时的决策问题，不会等到任务完成、工作交付之后才发现问题。

虽然使用关键结果度量目标进度能够尽早发现问题以调整方案，但人们潜意识中更喜欢在一开始就把计划和任务确定下来，再埋头执行。中途的修改越少越好，因为这样做更省力。除关键结果之外，目标在制定的时候也要求人们思考目的和意图，而在有些组织中，这并不是一件容易做好的事情。人们虽然倾向于使用 OKR，但是在真正实施之后，就会发现 OKR 给自己带来了很多“麻烦”。十分常见的做法是，快速确定任务并让自己忙碌起来，当结果不尽如人意的时候，将“至少我们努力过了”作为说辞，以掩盖思维上的懒惰。因此，人们之所以会写成任务型 OKR，除缺乏技巧之外，还部分源于思维上的惰性。

组织在使用 OKR 度量目标进度的时候，注意不要混淆“任务”和“关键结果”。在 KPI 之类的体系里，只要任务指标达成了，目标就算达成了。但实际上，如果一个团队的任务完成了 100%，结果的验收人只接受了其中 70%的工作，对另外 30%的工作要求做出调整或者拒绝接受，那么团队的目标进度只有 70%。只有将“关键结果”作为目标进度的度量指标，才能促使组织和个人不断地优化工作方法和工作内容，追求价值最大化。

KPI 度量目标进度的标准是任务的进度，而 OKR 度量目标进度的标准是关键结果的进度，这是二者的又一显著区别。

3. 提高跨团队协作的效率

在跨团队协作中，有两个十分常见的问题。

问题一：聚焦和对齐难。组织通常将一个大目标分解到不同的协作团队中，但在验收时，将各团队交付的结果汇总后达不到大目标。这是很常见的情形。如果上级向下分派的本质上是方案或者任务，各协作团队就会根据自己的职责来制订方案和任务，那么自然无法避免方案和任务本身的不确定性，以及任务进度并不等于真实进度的问题。

如果组织使用 OKR，因为 KR 是可量化的，各团队的 KR 汇总起来应该等于其要协作完成的大目标的 KR。因此，将关键结果作为度量整体目标和各协作团队进度的指标是非常合适的。

问题二：协调和调整难。可以说，现实生活中几乎没有完美的计划，在需要跨团队协作的大项目上更是如此。如果组织使用任务型目标指导团队的工作，那么当计划出现问题的时候，需要协调多个团队更改计划，这是非常困难的。

然而，计划和任务只是达成关键结果的手段而已，无论它们怎么变，要达成关键结果这一事实不会改变，因此以关键结果为指标显然更加稳定。当组织有了稳定的“指南针”后，可以将计划和执行环节适当向下授权，让各团队自行调整，以提高灵活性。当一个团队的调整影响到其他团队时，各团队在协商时也应对照关键结果，这比对照原有的计划和任务协商能更快达成共识，并且可以保证调整后的结果仍然向着达成关键结果这个方向前进，避免越调整方向越歪的情况出现。

这就是“区分‘任务’和‘关键结果’”的意义所在。只有严格遵守这条军规，才能够写出具有“指南针”作用的结果型 OKR，使组织不会在制定完 OKR 之后发现还是以前的内容，只是换了个格式而已。

在 OKR 实践过程中，如果组织把目标和关键结果当成制定和管理任务的工具，会带来以下几个后果。第一，OKR 制定的时间被大大延长。因为如果组织讨论的本质上是任务，就需要考虑执行过程中的细节，保证覆盖全面，同时要考虑过程的复杂性、风险和变化，这很容易掉进“兔子洞”。有些组织花了两三个月的时间仍没能把年度 OKR 制定好。第二，OKR 会频繁变化。因为任务制定得再详细，在执行的时候也会由于受到各种各样的挑战而不得不进行调整。如果 OKR 是任务，它就不得不频繁变化。第三，任务完成了，关键结果却没有达成，人们会对制定的目标产生怀疑。

三、“任务”和“关键结果”偶尔无须区分

虽然前文把“区分‘任务’和‘关键结果’”上升到了“军规”的高度，但是有时候，会出现任务和关键结果极其类似的情况。众所周知，在业务

需求度、复杂度、技术成熟度越高的情形下，越容易制订出完善的计划，在计划执行过程中可能遭遇的变化也就越小。在这样的前提下，使用 OKR 与使用其他方法并没有显著的区别。例如，某公司财务部门的 OKR 如下。

O：高质量完成财务跟踪工作；

KR1：每月按时完成分类记账工作；

KR2：每月按时完成财务报告汇总；

KR3：每月月底前完成票据的装订、整理工作。

上述示例中的三个关键结果看起来都是任务形式的。由于财务工作是一项高度流程化、标准化的工作，按照流程和标准实施即能保证达成结果，因此这类岗位的关键结果不必一定写成结果形式的。此外，还有一些确定的任务，如有些外企要求员工每年必须完成的常规培训，HR 部门负责的入职、离职等流程，IT 部门负责的设备维护流程等。在任务完成即能确定结果达成的情况下，KR 与任务并没有显著的区别。

在确定性高的情况下，无论 KR 制定成任务还是结果，从制定过程到执行过程二者的区别并不大；但在不确定性高的情况下，KR 制定成结果比制定成任务能起到更好的指导作用，能防止执行层迷失在频繁的变化和复杂的细节中。

小结：

- “任务”不等于“关键结果”，因为完成任务不等于达成目标。而关键结果是目标的子集，与目标互为充分必要条件。
- 以“关键结果”为导向能帮助组织尽早发现问题，提高跨团队协作的效率。
- 对于确定性高的工作，“关键结果”与任务的区别不大，在这样的背景下，使用 OKR 带来的价值也不大。

2.3 聚焦，少就是多

通过遵守前两条军规——“制定‘目标’，而非制定‘任务’”和“区分‘任务’和‘关键结果’”，制定出的 OKR 能够准确地描述组织的目的和意图，为日常的工作提供清晰的指导。这两条军规为 OKR 的实施打造了一个良好的开端。然而考虑到现实中的情况，任何一个组织的规模和资源都是有限的，不可能达成所有的目标，因此把有限的资源集中起来，优先交付最重要的价值是非常必要的。因此，第三条实践 OKR 的军规是：

聚焦，少就是多。

一、OKR 的合理数量

组织内任意一个级别的团队和个人，都有对应自己级别的年度 OKR 和季度 OKR（在 1.2 节中提到过，并不建议将 OKR 分解到月度 OKR）。年度 OKR 和季度 OKR 的数量应该遵循“三五原则”，即保持年度、季度 O 的数量为 3 ~ 5 个，每个 O 对应的 KR 数量也为 3 ~ 5 个，如图 2-3-1 所示。

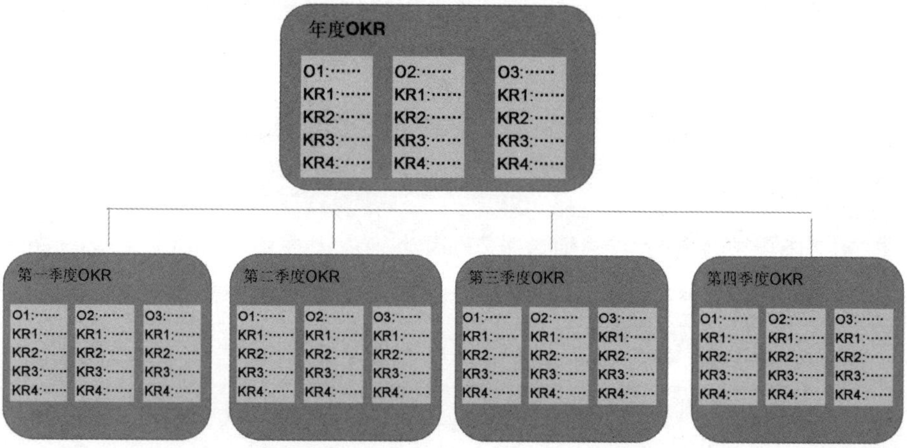

图 2-3-1

团队或者个人的精力是有限的，如果一下制定太多目标，那么在执行过程中会带来以下问题：

- 不能尽早看到有价值的产出物，影响进度的度量和工作的调整；
- 降低单个目标达成的质量；
- 团队或者个人要在多个目标中频繁切换，影响效率，同时可能产生负面情绪。
- 目标越多，跟踪其进度所占的资源和时间就越多，开会时间就越长。
- 团队或者个人无法频繁地获得“达成”目标带来的情绪奖励。

因此，制定的目标过多，带来的后果不仅仅是目标无法达成，还会带来许多潜在的负面影响，甚至会影响团队或者个人的士气。这就是为什么“聚焦，少就是多”会成为一条必须遵守的军规。

二、如何控制 OKR 的数量

OKR 是结果，结果不同于任务。结果的达成需要完成一系列任务。对团队来说，在一至两周内达成一个季度 OKR 中的一个关键结果是比较合理的。但如果组织在实践 OKR 的时候，错误地将 O 写成了任务形式，KR 就自然而然地变成了目标任务的子任务，此时就很难控制 O 和 KR 的数量，因为很多任务是必须完成的。下面是某公司 HR 部门第一季度的 OKR。

O：确保各部门第一季度人员不紧缺；

KR1：去高校进行三次校园招聘；

KR2：在 BOSS 直聘和智联招聘平台上投放招聘广告；

KR3：每天筛选所有收到的简历，并发给对应的面试官；

KR4：每天询问面试官面试结果；

KR5：进行一次员工调查，收集员工对目前工作环境和公司福利的意见和建议；

KR6: 及时了解员工的心理动态，筛选出离职意愿强的员工，并提前做其思想工作；

KR7：与各部门领导者保持密切沟通，了解其员工的需求。

该公司 HR 部门的员工认为每个 KR 都是必不可少的，不能删减。理由是这些都是必须做的工作，其中某些 KR 可能在执行过程中出现问题或者效果不好，但是可通过其他 KR 来弥补，最后同样能保证目标达成。这反映了在制定任务时被忽略的一个常见问题，即为了保证达成目标，计划里要考虑各种风险因素，导致任务列表很长，所以任务型 KR 很难控制在 5 个以内。同理，任务型 O 也很难控制在 5 个以内。此外，由于计划本身就不完善甚至有误，也会导致在执行过程中，任务列表的长度大概率会加长或者具体任务有变更。这类错误的 OKR 很难帮助团队聚焦价值，而且很难度量真正的进度。该公司 HR 部门正确的 OKR 应该如下。

O：确保各部门第一季度人员不紧缺；

KR1：1 月底前完成 20 名新员工的招聘和到岗；

KR2：这个季度内离职员工数量控制在 10 人以内；

KR3：离职请求队列控制在 2 人以内。

如该例子所示，当组织制定 OKR 并聚焦在真正的结果上时，就很容易控制其数量，要达到的目的也很明确，指导意义强，并且能够作为稳定的度量目标进度的指标。

在某些情况下，即使排除了任务因素，也很难控制 O 或 KR 的数量。对于遇到这种情况的团队或者个人，首先要明白一件事，**要想专注，就意味着必须对一些事情说“不”**，然后可以采用优先级排序法进行梳理，让决策容易一些。其中，MoSCoW 排序法就是一种比较常见的方法。MoSCoW 是四个优先级别的首字母缩写（再加上 o 以使单词能够发音），该方法具体如下。

Must have（必须有）：如果不包含这些 O 或者 KR，则最终目标肯定不能达成；

Should have（应该有）：这些 O 或者 KR 很重要，但在资源紧张的情况下也可以放弃；

Could have（可以有）：这些 O 或者 KR 不是很重要，但完成了可以给最终目标增光添彩，在资源允许的情况下可以考虑；

Won't have（不会有）：本期不会做，可能考虑放到下期或更远的未来做。

MoSCow 排序法的具体使用方法为：

（1）在制定年度目标或季度目标时，先列举出所有目标，如果目标超过 5 个（或者明显超出能力范围），则使用 MoSCoW 排序法对目标进行分类，然后按照 M—S—C—W 的顺序依次选取目标，直到目标达到 5 个（或者接近能力上限）为止；

（2）当针对具体某个 O 制定 KR 时，先列举出所有 KR，如果 KR 超过 5 个（或者明显超出能力范围），则使用 MoSCoW 排序法对 KR 进行分类，然后按照 M—S—C—W 的顺序依次选取 KR，直到 HR 达到 5 个（或者接近能力上限）为止。

通过以上两个步骤，组织就能够将 OKR 限制在合理的范围内，保证团队在能力范围内交付的成果都是高价值的，正所谓“好钢用在刀刃上”。

在通过优先级筛选后，不能将未入选的 O 或者 KR 一扔了事，应该对它们进行合理的存档。如果当前 OKR 提前达成了，则可以考虑从这些存档的 O 或者 KR 中选取合适的条目继续达成。

因为 OKR 是度量进度的标尺，任务制定和执行的好坏取决于其是否能够相对加快 OKR 的进度。因此，通过定期对齐 OKR，可以很容易检测任务的效果。如果 O 和 KR 都遵循优先级排序，那么 OKR 自然而然能起到指导任务优先级排序的作用。

KPI 也有一个优先级排序的原则，即二八原则。二八原则认为，组织内 80%的成果是由 20%的关键活动实现的。因此，识别出这 20%的关键活动，针对它们建立指标并进行跟踪，就能有效地聚焦资源配置，减少花在另外 80%非必要活动上的费用。

二八原则有一个缺陷，那就是要想找准那 20%的关键活动，需要基于经验或者参考历史数据。组织越熟悉某类工作，对该类工作相关的关键活动的识别就越精确。但是，如果面对一个新的目标，或者并不熟悉的工作，任何组织或者个人都很难在一开始就识别出哪些活动是必要的，而哪些活动是不会带来价值的。这就是为什么在变化频繁的大环境中，许多组织在使用 KPI 的时候，经常会觉得有些 KPI 毫无意义（当初却被制定出来并要求执行）。此外，对 KPI 进行优先级排序时，也无法确定在高优先级的 KPI 完成之后就一定能获取高价值。但 OKR 不会面临这样的问题，因为 OKR 并不关注任务，也就是 KPI 里面那些“关键活动”，OKR 只关注最终要获取的价值，对价值进行优先级排序显然是能准确做到的。这也是 OKR 和 KPI 的本质区别之一。在 VUCA 时代，复杂性、不确定性变得越来越主流，这也是 KPI 的劣势被放大，OKR 却得以流行的大背景。

管理大师彼得·德鲁克曾说过：“有效的管理者坚持把重要的事放在前面做，每次只做好一件事。”人们在制定 OKR 的时候，重要的不是有多大的雄心壮志，以及打算在过程中投入多大的精力，重要的是所有的活动最后有多少结果得以产出，有多少价值得以生成。没有完成的事情或者完成了没有结果的事情，是毫无意义的，要警惕人们用过程中的努力来找借口，如“至少努力过了”“至少投入了”“至少在过程中学到了本领”等。没有结果的努力或者付出大于收获的过程，大多是对资源的浪费，不值得感动。任何团队或者个人都应该遵守“聚焦，少就是多”这条军规，用 OKR 指导资源的最优配置。

小结：

- 把 OKR 的数量控制在合理的范围内，能起到聚焦及正确分配资源的作用。
- OKR 合理的数量是组织内每个单位都有 3～5 个 O，每个 O 对应 3～5 个 KR。
- 组织要想控制 OKR 的数量，需要避免任务型 KR，并且要对某些次要的事说“不”。

2.4　自上而下以价值为导向分解 OKR

OKR 在组织内的制定分为“自上而下分解”和“自下而上优化”两个部分。自上而下分解 OKR 是指，在公司层面，在围绕战略制定 OKR 后，各级部门根据上级 OKR，结合自己部门的职责，制定出自己部门的 OKR，然后向下传递，直至基层。在自上而下分解 OKR 的过程中，要遵守下面这条军规：

自上而下以价值为导向分解 OKR。

一、坚持“以价值为导向”的难点

为何“以价值为导向”分解 OKR 如此重要呢？因为 OKR 传递的是目的和意图，也就是组织通过一系列活动最终要获取的价值。如果不能准确地传递价值，OKR 就和其他方法没有什么区别了。前文介绍的三条军规主要帮助人们在制定 OKR 的过程中摆脱任务思维，切换到理解价值的思维模式。但是，仅遵守这三条军规还不足以帮助 OKR 表达价值，因为在 OKR 的制定周期内，还有一个节点很容易让传递价值的初心又切换回传递任务的老路，那就是 OKR 向下分解的过程。

由于任务思维根深蒂固，人们在得知上级 OKR 后很容易立刻思考怎样实现。举个例子，某公司的年度 OKR 如下。

O：大幅提高销售部门的业绩水平；

KR1：成交转化率提高 15%；

KR2：整体的客单价提高 30%；

KR3：获得 10 家订单金额在 100 万元以上的大客户；

KR4：全年累计业绩突破 5000 万元。

销售部门下属的销售团队 A 经过讨论之后，认为要达成该目标，需要满足以下几点：

（1）要有足够的高水平的销售人员；

（2）要对现有销售人员进行业务能力提升的培训；

（3）要打造 5 个行业的标杆客户，每个行业至少 1 个；

（4）利用行业标杆大力推广和销售，从而提高成交转化率，提高业绩水平。

基于以上思考，销售团队 A 制定出如下年度 OKR。

O1：招聘高水平的销售人员；

KR1：通过合作的猎头公司开展招聘工作；

KR2：在第二季度之前到岗 30 位新销售人员。

O2：提升销售团队的业务能力；

KR1：分阶段制订销售培训方案，并按计划实施；

KR2：在参加培训后，销售人员的考核合格率达到 98%以上；

KR3：根据业务场景，与每位销售人员完成三次以上的销售演练；

KR4：制定（或编制）有关销售的 FAQ。

O3：打造 5 个行业的标杆客户，每个行业至少 1 个；

KR1：在第一季度完成挑选合适的行业和潜在的标杆客户；

KR2：制订针对潜在客户的销售方案；

KR3：向潜在客户推销方案并收集客户反馈。

回顾销售团队 A 的 OKR 分解过程，就是一个在得知上级 OKR 之后，开始讨论自己该干什么，可能遇到哪些问题，该怎样解决，最后导出 OKR 格式的任务列表的过程。这是大多数组织习惯采用的思维模式，因为人们太习惯这样思考了，导致他们很容易把大脑中的方案和要做的事情写入 O 和 KR。这是坚持“以价值为导向”分解 OKR 时会遇到的最大难点。

二、坚持“以价值为导向”的技巧

组织制定 OKR 的正确思路应该是：**在得知上级 OKR 之后，结合本部门的职责，总结出本部门应该达成这个 OKR 中的哪一部分**。遵循这个逻辑制定出来的销售团队 A 的年度 OKR 非常简单，如图 2-4-1 所示。

因此，当自上而下分解 OKR 的时候，下级 OKR 不应该解释“下级如何帮助上级达成目标”，而是要说明达成上级目标中的哪一部分。总体来说，下级 OKR 要满足以下两个条件：

（1）代表结果和价值，而非任务；

（2）是上级 OKR 的子集。

其实，OKR 在分解、跟踪和对齐的时候非常容易。因为下级直属部门的关键结果汇总起来应该大于或等于上级的关键结果，这是一个简单的算术题。

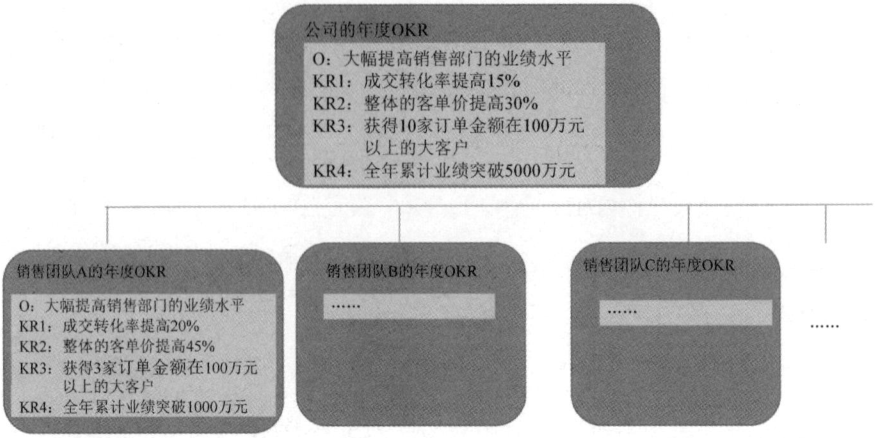

公司的年度OKR
O：大幅提高销售部门的业绩水平
KR1：成交转化率提高15%
KR2：整体的客单价提高30%
KR3：获得10家订单金额在100万元以上的大客户
KR4：全年累计业绩突破5000万元
销售团队A的年度OKR
O：大幅提高销售部门的业绩水平
KR1：成交转化率提高20%
KR2：整体的客单价提高45%
KR3：获得3家订单金额在100万元以上的大客户
KR4：全年累计业绩突破1000万元
销售团队B的年度OKR
……
销售团队C的年度OKR
……
……

图 2-4-1

如图 2-4-2 所示，销售团队 A 负责零售，而销售团队 B 负责大客户销售，所以销售团队 A 更擅长提高“客单价”“转化率”，于是在这两个关键结果上，销售团队 A 明显比销售团队 B 的作用大。销售团队 B 主要负责大客户销售，所以它在“大客户成交量”和“业绩贡献”上的作用明显比销售团队 A 大。在现实中也是如此，下级部门在上级部门的 OKR 范围内达成哪一部分及达成多少，是由各部门的职责和分工决定的。但是，所有下级部门的 OKR 汇总起来应该大于或等于上级部门的 OKR。

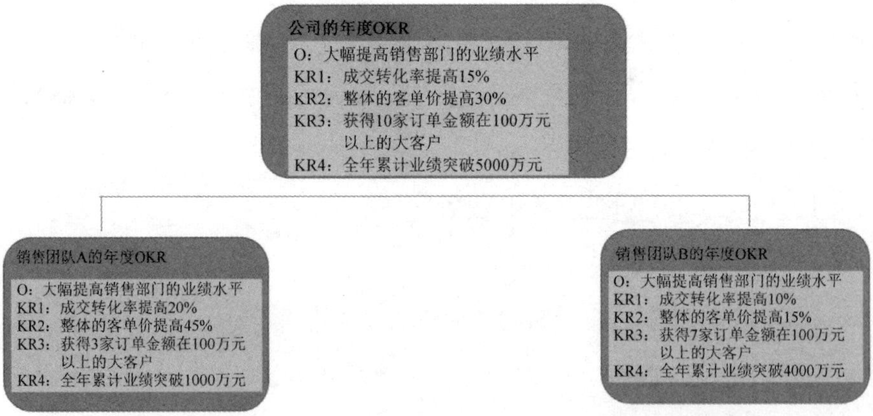

公司的年度OKR
O：大幅提高销售部门的业绩水平
KR1：成交转化率提高15%
KR2：整体的客单价提高30%
KR3：获得10家订单金额在100万元以上的大客户
KR4：全年累计业绩突破5000万元
销售团队A的年度OKR
O：大幅提高销售部门的业绩水平
KR1：成交转化率提高20%
KR2：整体的客单价提高45%
KR3：获得3家订单金额在100万元以上的大客户
KR4：全年累计业绩突破1000万元
销售团队B的年度OKR
O：大幅提高销售部门的业绩水平
KR1：成交转化率提高10%
KR2：整体的客单价提高15%
KR3：获得7家订单金额在100万元以上的大客户
KR4：全年累计业绩突破4000万元

图 2-4-2

对某些服务性部门（如 HR 部门、财务部门等）来说，OKR 的分解未必像销售部门一样直接，其目标与公司的业务目标不直接相关，很难直接从业务目标中分解出来。在很多公司里，服务性部门的 OKR 是由部门领导者根据其对战略的理解自主制定的，出发点是服务性部门认为自己该如何支持业务部门。这种做法带来了很多问题：

- 服务性部门自主制定的 OKR 是否能紧密地与公司的战略目标相关联？
- 如何量化服务性部门对上级 OKR 的贡献？
- HR 部门、财务部门自行制定的 OKR 达成了，但是“被服务”的部门（如销售部门等）经常抱怨，这样的 OKR 算真正达成了吗？
- 软件研发部门自行制定的 OKR 达成了，但是销售人员认为销量上不去是因为客户满意度不高，这样的 OKR 算真正达成了吗？

事实上，产生这类问题的原因在于服务性部门制定 OKR 的过程十分复杂。业务部门在制定 OKR 时，有很大一部分 OKR 是直接从上级 OKR 中分解而来的；而服务性部门需要先理解业务部门的 OKR，再基于自己的职责进行加工，形成自己的 OKR。在这个过程中，人们非常容易丧失对原有目标的描述，将 OKR 制定成任务的形式。由于任务和最终目标之间并不是完全对应的关系，有很大可能完成了任务但并未达成目标，于是导致以上问题产生。因此，组织在制定 OKR 时，服务性部门要仔细检查自己的 OKR 是任务，还是目标，是准确描述了交付的价值，还是描述了交付过程中要完成的任务。

图 2-4-3 所示为某公司软件交付部门的年度 OKR 分解案例。如图所示，软件交付部门的年度 OKR 分解为研发部门的年度 OKR 和运维部门的年度 OKR。因为研发部门和运维部门的职责不同，其能达成的上级 OKR 也略有出入，所以不能直接分解，但二者的年度 OKR 相加应该大于或等于软件交付部门的年度 OKR。例如，当研发部门的 KR“交付错误率降低 40%”

和运维部门的 KR“交付错误率降低 15%”达成之后，能确保上级 KR“交付错误率降低 30%”的达成。同时，当下级所有的 KR 达成之后，要确保上级 KR 全部达成。

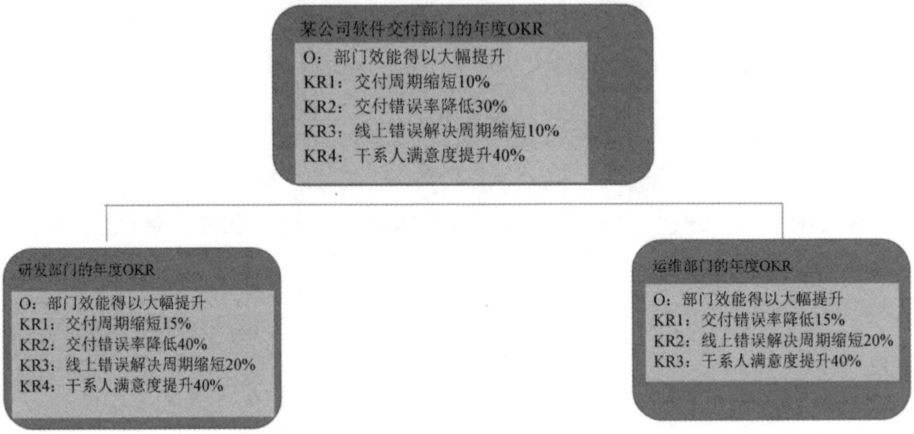
某公司软件交付部门的年度OKR
O：部门效能得以大幅提升
KR1：交付周期缩短10%
KR2：交付错误率降低30%
KR3：线上错误解决周期缩短10%
KR4：干系人满意度提升40%
研发部门的年度OKR
O：部门效能得以大幅提升
KR1：交付周期缩短15%
KR2：交付错误率降低40%
KR3：线上错误解决周期缩短20%
KR4：干系人满意度提升40%
运维部门的年度OKR
O：部门效能得以大幅提升
KR1：交付错误率降低15%
KR2：线上错误解决周期缩短20%
KR3：干系人满意度提升40%

图 2-4-3

通过采取这样的分解方式，组织内自上而下每个级别的 OKR 都代表各自单位必须获得的价值和结果，下级结果全部达成也能保证上级结果的达成。这就是“自上而下以价值为导向分解 OKR”这条军规所代表的意义。

三、坚持“以价值为导向分解 OKR”的原因

为何坚持“以价值为导向分解 OKR”如此重要，以至于将其上升到军规的高度呢？图 2-4-4 对比了某公司在任务型 OKR 和结果型 OKR 两种分解方式下的 OKR 分解结构。

如果在分解 OKR 的过程中，下级将 OKR 制定成了任务的形式，则此执行过程与普通的跟踪任务及推进计划的过程并无区别。即使组织采用了 OKR 的形式，也同样会面临掉进任务细节、忽略最初的目标、任务完成但目标仍未达成等问题。

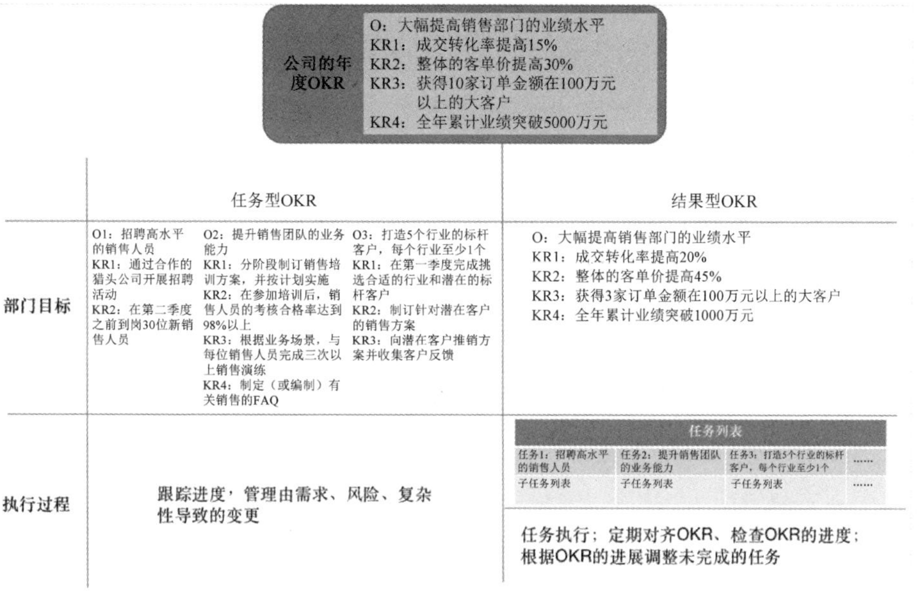
公司的年度OKR
O：大幅提高销售部门的业绩水平
KR1：成交转化率提高15%
KR2：整体的客单价提高30%
KR3：获得10家订单金额在100万元以上的大客户
KR4：全年累计业绩突破5000万元
任务型OKR
结果型OKR
部门目标
O1：招聘高水平的销售人员
KR1：通过合作的猎头公司开展招聘活动
KR2：在第二季度之前到岗30位新销售人员
O2：提升销售团队的业务能力
KR1：分阶段制订销售培训方案，并按计划实施
KR2：在参加培训后，销售人员的考核合格率达到98%以上
KR3：根据业务场景，与每位销售人员完成三次以上销售演练
KR4：制定（或编制）有关销售的FAQ
O3：打造5个行业的标杆客户，每个行业至少1个
KR1：在第一季度完成挑选合适的行业和潜在的标杆客户
KR2：制订针对潜在客户的销售方案
KR3：向潜在客户推销方案并收集客户反馈
O：大幅提高销售部门的业绩水平
KR1：成交转化率提高20%
KR2：整体的客单价提高45%
KR3：获得3家订单金额在100万元以上的大客户
KR4：全年累计业绩突破1000万元
执行过程
跟踪进度，管理由需求、风险、复杂性导致的变更
任务列表
任务1：招聘高水平的销售人员
任务2：提升销售团队的业务能力
任务3：打造5个行业的标杆客户，每个行业至少1个
……
子任务列表
子任务列表
子任务列表
……
任务执行；定期对齐OKR、检查OKR的进度；根据OKR的进展调整未完成的任务

图 2-4-4

在图 2-4-4 所示的结果型 OKR 中，OKR 表明了该部门应该达成的目标（上级目标的子集），以及基于目标向下制定的任务列表。在执行任务的过程中，定期向上对齐部门 OKR，用部门 OKR 的进度来指导和调整剩余的工作，这样可以保证年末部门 OKR 可以达成，从而促使上级目标的达成。如果所有横向部门 OKR 的进度都是达成状态，那么这意味着上级 OKR 的进度也得以达成。

有些人在平日工作中抱怨客户、上级的想法或需求总是在变，导致计划和工作频繁地被打断，从而不得不做出调整。其实，未必是客户、上级的想法或需求总是在变，而是组织在目标传递、分解的过程中没有找到一个稳定的锚点，这个锚点要能解释“所有的行动、变化和调整最终都是为了实现什么”，也就是要做到人们常说的“不忘初心”。但是“不忘初心”是一件每个人都会说，却未必能时时做到的事情。OKR 的理念是帮助人们聚焦“初心”，“自上而下以价值为导向分解 OKR”则帮助人们把“不忘初心”这件事情从理论转向实践。它使得组织在目标传递的链条上的每个环节都有能解释该环节目的和意图的锚点，并保证各个单独的锚点拼接起来正好拼凑成组织的“初心”。因此，“自上而下以价值为导向分解 OKR”是构建合格的锚点所必须遵守的军规。

小结：

- 坚持“以价值为导向”的难点在于，大多数组织都有看到目标后跳过澄清“自己该做哪一部分”，而直接思考“自己该怎样做”的思维习惯。
- 坚持“以价值为导向”的技巧是，在制定 OKR 时，保证 O 传递结果和价值，KR 是结果，而非任务，在此基础上确保所有下级 OKR 累加后能保证上级 OKR 的达成。
- 坚持“以价值为导向分解 OKR”的原因是，要防止在 OKR 向下分解的过程中任务化，从而丧失 OKR 定位“初心”的功能。

2.5 建立反馈循环，自下而上优化 OKR

OKR 往往是由公司战略而得出的。通常，高层通过参考长期和短期的战略计划，来制定公司的年度 OKR，然后向下分解。然而，公司制定的 OKR 有很大可能是不完善的。

一、自上而下的 OKR 盲点的产生

平衡计分卡（见图 2-5-1）将公司的愿景与战略分解为四个维度，即财务、客户、内部运营、学习与成长四个维度。在实际工作中，当高层制定公

司年度 OKR 的时候，与“财务”“客户”两个维度相关的 OKR 往往具有数量多、描述具体、可度量性高的特点，与“内部运营”“学习与成长”两个维度相关的 OKR 则具有数量少、描述模糊、可度量性低的特点。

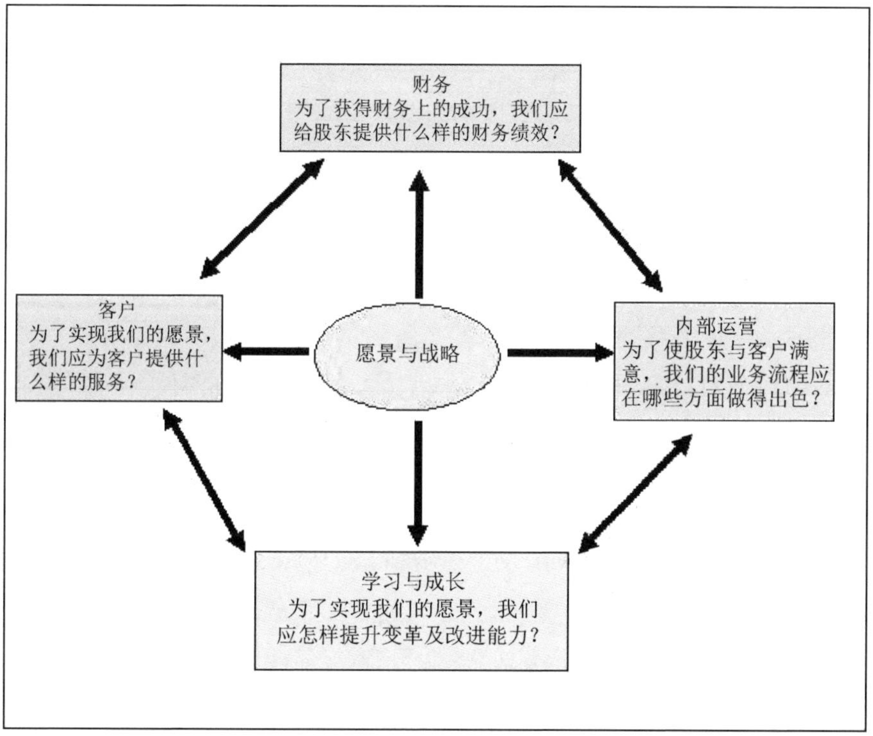

财务
为了获得财务上的成功，我们应给股东提供什么样的财务绩效？
客户
为了实现我们的愿景，我们应为客户提供什么样的服务？
愿景与战略
内部运营
为了使股东与客户满意，我们的业务流程应在哪些方面做得出色？
学习与成长
为了实现我们的愿景，我们应怎样提升变革及改进能力？

图 2-5-1

这种情况固然与“内部运营”“学习与成长”维度本身的特点有一定的关系，但是根本原因在于高层对自己希望看到什么样的结果十分清楚，但是他们对于执行层可能遇到的困难、需要的技能和资源等往往只有大概的了解，对于执行层具体的工作内容，尤其是需要做到什么程度缺乏了解，这样自然无法制定出合理的 OKR。这部分 OKR 要想制定得准确，需要执行层自下而上进行完善。

举个例子，许多企业将“转型为数字化企业”“转型为敏捷企业”“落地

××管理制度”等作为“内部运营”“学习与成长”维度的上级 OKR。这类 OKR 往往覆盖面非常广，不易形成统一的理解，同时难以设立针对结果或者效果的度量标准，如怎样才算敏捷方法实施成功了？这是一个没有标准答案的问题。敏捷方法诞生几十年了，至今都没有被人们广泛接受，因此无法对其结果进行准确的度量。其他管理方法也存在类似的问题，即难以判断企业转型是否成功，以及难以判断其对企业获取的成绩的贡献有多大。这类 OKR 的投入和产出都无法计算，最后会产生一笔糊涂账。

产生糊涂账只是这类 OKR 带来的负面作用之一。如果企业在“内部运营”“学习与成长”两个维度上不能制定出清晰、可度量的 OKR，那么还会给企业的发展埋下很大的隐患。这两个维度的 OKR 的作用是，在生产团队实现公司战略目标的过程中给予最准确的支持，助力解决生产过程中遇到的困难，提高效率。例如，HR 部门或财务部门在组织内部属于支持性部门（服务性部门是支持部门），支持性部门如何更好地支持组织的运转？这显然要从其他部门的具体需求出发进行分析，如果依靠自上而下推广统一的管理方法、学习材料、HR 或财务框架，那么最后的结果是组织内势必有大量的生产团队在真正需要支持的地方没有获得支持，反而需要花费大量的精力去应对没什么意义的管理和运维事务。

当然，“转型为数字化企业”“转型为敏捷企业”“落地××管理制度”是可以作为组织的战略目标，并据此制定出相应的 OKR 来推进的。但是，在具体到部门、团队、个人的执行细节上，宏观战略不能有效地指导微观操作，因此不能完全依赖宏观战略实现增产增效和内部成长。组织内部在制定 OKR 的时候，需要打造一条能够自下而上层层优化 OKR 的通道。下级根据自己的实际需求提出的某些 OKR，可以成为上级 OKR 的一部分，甚至有代表性的 OKR 可以推广到更多的部门，成为其他部门的 OKR，从而帮助上级乃至整个组织完善 OKR。

在自下而上优化 OKR 的过程中，下级的反馈可以帮助上级优化 OKR，同时在上级 OKR 优化之后，若有一些亮点或启发，则应该向上级和平级协作部门推进。此外，如果某部门、团队或个人处于横向协作的链条中，那么也应该将协作伙伴的要求纳入自己的 OKR。而自己的 OKR 在经过平级之间的流动后，有了变更，可以变成下级新的 OKR。因此，一个部门 OKR 的制定过程，一开始的时候是自上而下，由公司战略层层分解而来的，但是分解而来的 OKR 并不是本部门的全部 OKR，本部门 OKR 的最终版本形成的过程，应该是一个首先从自身需求、平级需求出发，完善细节，向上反馈，然后向平级反馈的循环过程，如图 2-5-2 所示。

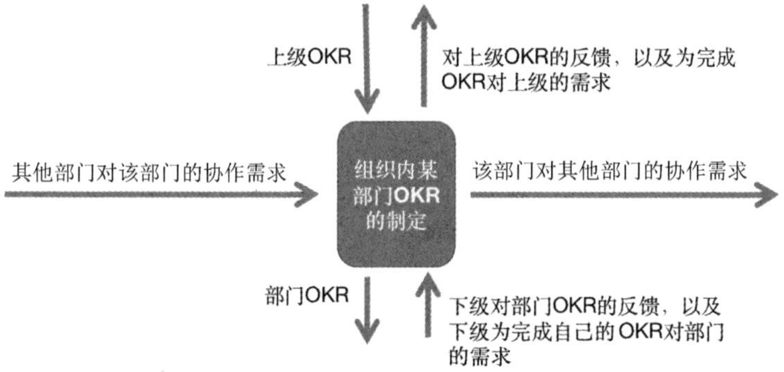

图 2-5-2

这个循环过程具体分为以下几步。

（1）OKR 自下而上涌现。

首先，在 OKR 分解的过程中，每个级别的团队都应该讨论两个问题：

① 结合上级目标与自身的职责，应该完成上级 OKR 的哪一部分？

② 为了完成 OKR，本团队内部可能遇到哪些困难，需要什么支持？

第二个问题会衍生出支持性 OKR 的需求。

举个例子，某公司的销售总部根据公司战略，在新的一年中，制定了销售额增长 1 亿元的目标。其直属的三个销售部门根据自身的规模和所负责市场的规模，分别制定了自己的销售额增长目标，如图 2-5-3 所示。

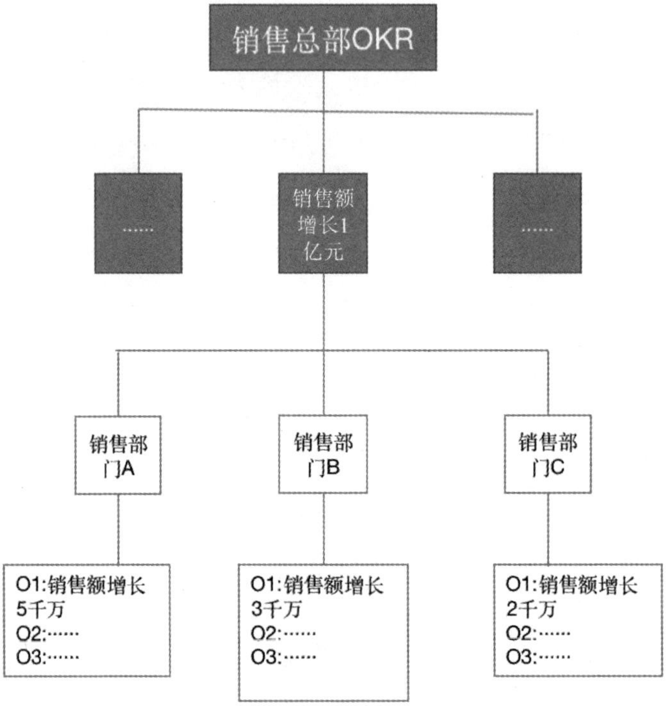

图 2-5-3

由图 2-5-3 可知，销售部门 B 制定了“销售额增长 3 千万”的目标。经过讨论后，销售部门 B 认为要达成该目标，则拜访客户的电话数量要增加 2 倍。而基于现有的内部办公软件，拨打每通电话所进行的客户信息查找、访谈结果记录等活动所需的时间为 15 分钟。如果能够将该时间缩短到 5 分钟，则可以在不增加销售人员的情况下完成销售任务。于是，销售部门 B 增加了一个新的 O：

拜访客户的电话数量增加 2 倍。

同时，销售部门 B 向销售总部提出更换合适的办公软件的请求，合适的标准是销售人员能在 5 分钟内完成客户信息查找、访谈结果记录等活动。

当销售总部收到该请求后，认为更换合适的办公软件不仅可以帮助销售部门 B，还可以帮助销售部门 A 和销售部门 C 提高工作效率。经过系统讨论和评估，销售总部增加了一个新的 O：

更换合适的办公软件，将销售人员的工作效率提高 10%。

经过更改之后，该销售总部及其下属销售部门的 OKR 如图 2-5-4 所示。

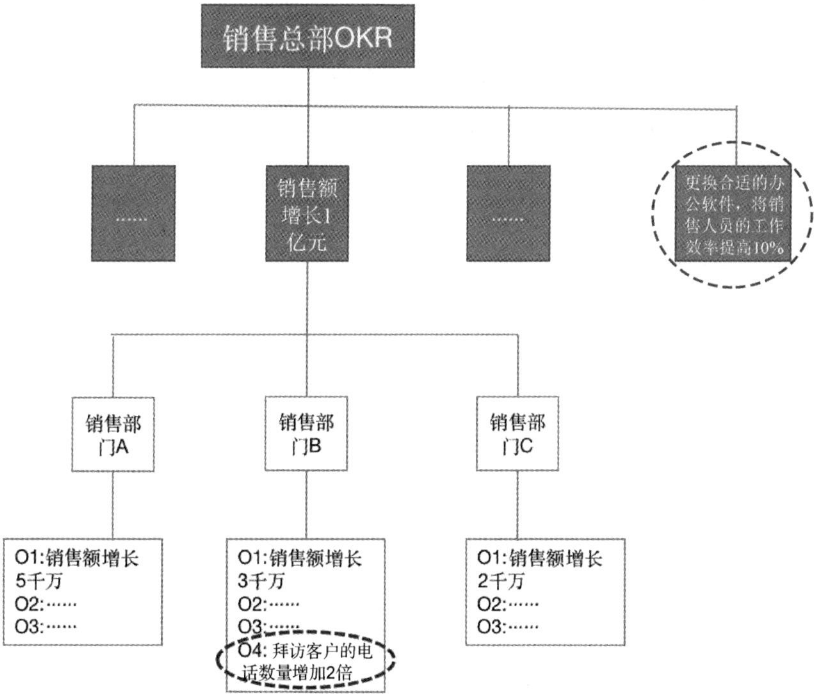

图 2-5-4

同时，在销售部门 C 的客户中，每年有 20%的购买意向强烈的客户由于无法等待复杂的财务流程而放弃购买。因此，销售部门 C 认为可以从这批客户入手，增加一个新的 O：

将因财务流程复杂无法成单的客户数量减少 15%。

随后，销售部门 C 与销售总部进行沟通，请求优化财务流程。而销售总部认为优化财务流程不仅对销售部门 C 有利，还对其他销售部门有利。经过系统的讨论和评估，销售总部增加了一个新的 O：

优化财务流程，将各流程的时间平均缩短 20%。

经过更改之后，该销售总部及其下属销售部门的 OKR 如图 2-5-5 所示。

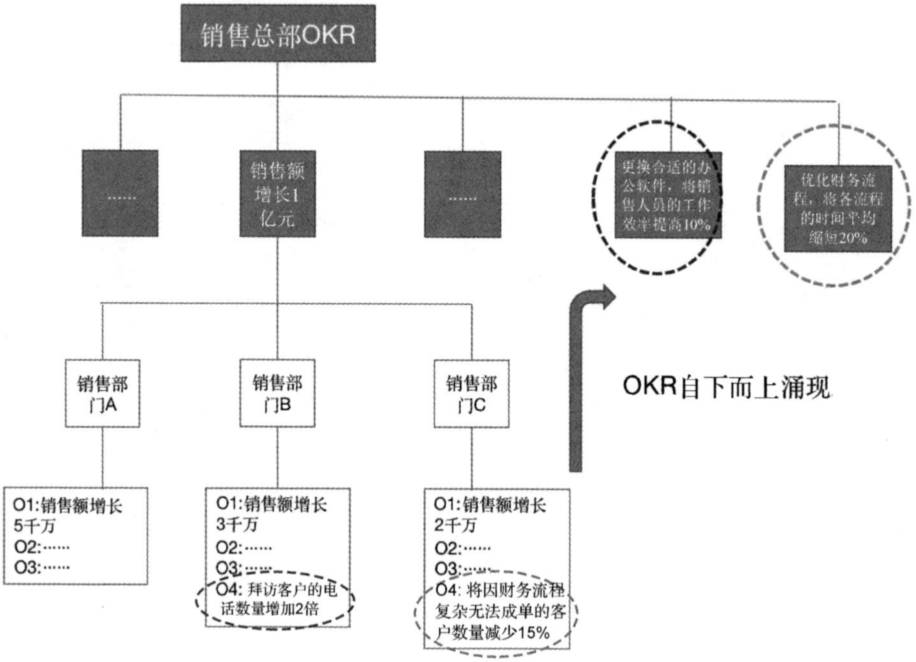
销售总部OKR
……
销售额增长1亿元
……
更换合适的办公软件，将销售人员的工作效率提高10%
优化财务流程，将各流程的时间平均缩短20%
OKR自下而上涌现
销售部门A
销售部门B
销售部门C
O1:销售额增长5千万
O2:……
O3:……
O1:销售额增长3千万
O2:……
O3:……
O4: 拜访客户的电话数量增加2倍
O1:销售额增长2千万
O2:……
O3:……
O4: 将因财务流程复杂无法成单的客户数量减少15%

图 2-5-5

（2）OKR 横向涌现。

通过前面的方式，OKR 在分解的过程中不断涌现，下级在制定 OKR 的过程中所需要的支持，被反馈到上级，帮助上级制定“内部运营”“学习与成长”维度的 OKR。然而，OKR 的涌现过程并未到此为止。由于更换合适的办公软件、优化财务流程等工作需要 IT 部门、财务部门的支持，销售总部需要与这两个部门进行协商。于是，IT 部门、财务部门的 OKR 也增加了，具体如图 2-5-6 所示。

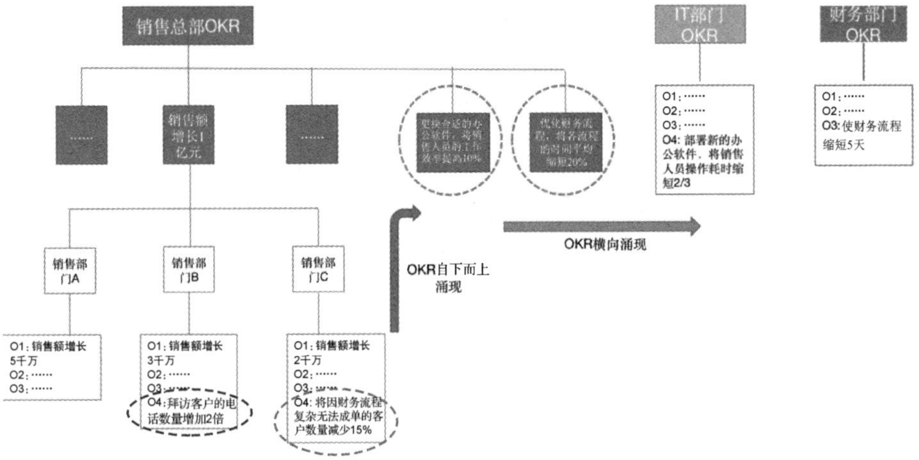

图 2-5-6

像 IT 部门、财务部门、HR 部门这类支持性部门，其工作往往是随着其他部门的需求而产生的。它们的 OKR 之所以难以制定，是因为其工作数量和程度难以预测。而如图 2-5-6 所示，支持性部门可以根据其他部门的需求来制定本部门的 OKR。然而，这并不意味着支持性部门的 OKR 是由其他生产部门决定的，而是意味着支持性部门可以基于各个生产部门的具体需求，进行总结，找出一些对所有部门具有普适意义的服务，形成战略性 OKR。对于一些具体的、独特的需求，则结合工作量的大小、复杂程度，制定单独的 OKR 或者直接采用任务形式进行管理。

下级部门在讨论本部门需要何种支持时，要遵循 SMART 原则。一个销售团队在跟上级提出对财务部门的请求的时候，有以下三种可能的提出方式：

第一，抱怨财务流程复杂，导致销售部门损失一部分客户；

第二，希望优化财务流程，缩短客户等待的时间，但没有给出具体的、量化的要求；

第三，明确表达如果财务流程可以缩短 2 天，将有可能挽留 10%的客户。

显然，第三种方式更有可能获得上级和财务部门的理解和支持。如果财务部门决定给予支持，要将相应的请求转化为自己部门的 OKR，那么第三种方式也比较容易帮助财务部门制定关键结果，并最终度量其举措是否获得了成功。面对第一、二种提出方式，财务部门很难第一时间判断其难易程度，一般会假设最麻烦的情形会发生，这样财务部门应对该请求的积极性就会下降。

（3）新的 OKR 向下传递。

经过前两个步骤，支持性部门新的 OKR 要向下分解，从而变成子部门的 OKR，如图 2-5-7 所示。

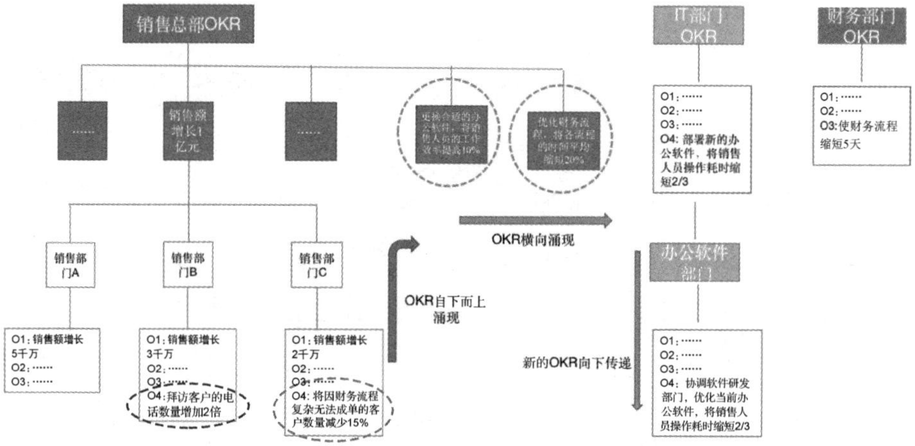
销售总部OKR
……
销售额增长1亿元
……
更换合适的办公软件，将销售人员的工作效率提高10%
优化财务流程，将各流程的时间平均缩短20%
销售部门A
销售部门B
销售部门C
O1：销售额增长5千万
O2：……
O3：……
O1：销售额增长3千万
O2：……
O3：……
O4：拜访客户的电话数量增加2倍
O1：销售额增长2千万
O2：……
O3：……
O4：将因财务流程复杂无法成单的客户数量减少15%
OKR自下而上涌现
OKR横向涌现
新的OKR向下传递
IT部门OKR
O1：……
O2：……
O3：……
O4：部署新的办公软件，将销售人员操作耗时缩短2/3
财务部门OKR
O1：……
O2：……
O3：使财务流程缩短5天
办公软件部门
O1：……
O2：……
O3：……
O4：协调软件研发部门，优化当前办公软件，将销售人员操作耗时缩短2/3

图 2-5-7

支持性部门的 OKR 可以由其他部门涌现，同时支持性部门可以将其所支持的部门看作“客户”，通过收集“客户”的需求来制定自己的 OKR。“客户”的需求是由公司战略分解而来的，那么精准地为“客户”提供服务，避免“客户”在一些非必要活动（冗余流程、无价值的培训）上浪费时间和精力，就意味着支持性部门的 OKR 精准达成了。这样做比支持性部门对着没有直接关联的公司战略，挖空心思琢磨怎样制定符合公司战略的 OKR 要有效得多。

以 HR 部门为例，HR 部门有两个常见目标：一个目标是保证公司内部员工的数量稳定，能够支持公司业务的发展和内部的运营；另一个目标是提高员工素质，给员工提供培训。HR 部门在制定 OKR 的时候，可以与其支持的部门就这两个方面进行探讨，探讨的时候可以参考以下问题：

① 该部门希望从 HR 部门获得何种支持？

② 对于每种支持类型，该部门希望得到什么样的结果，或者支持到何种程度？

HR 部门与各干系部门探讨完毕后，要将收集到的结果进行归类、总结和抽象，这样 HR 部门的 OKR 就浮现出来了，而且体现的是价值，而非任务。采用这种方法制定出来的 OKR，不仅能更好地指导支持性部门的日常工作，还能解决支持性部门的工作价值不容易直接被度量的问题。

在图 2-5-7 中，销售总部最终版 OKR、IT 部门最终版 OKR 及 IT 部门下属的办公软件部门最终版 OKR 都包含由公司战略直接分解而来的 OKR，以及由部门之间的支持和协作需求衍生出来的 OKR。关键的部分在于，衍生出来的 OKR 是其他部门的精准需求，而不是支持性部门根据自己对公司战略的理解自行制定的。这避免了支持性部门提供的服务，其他部门完全不需要，反而成了负担的情况出现。像财务部门、HR 部门自行制定的 OKR 达成了，但是“被服务”的部门（如销售部门等）经常抱怨它们效率低下，流程僵化，该干的事情没有干好，或者软件研发部门自行制定的 OKR 达成了，但是销售部门认为销量上不去是因为软件研发部门研发的软件不好用等情况就不会再出现。

软件研发部门经常遇到需求方的需求总是变化的问题，需求是解决问题的起点，如果解决方案制订得不全面，或者需求方对于如何解决问题有了新的想法，就会发生需求的变更。而频繁地变更需求不仅会影响软件研发部门的交付效率，还会造成资源的浪费。敏捷方法为了解决这个问题提出了“用户故事”和“用户故事验收标准”两种实践方法。其中，“用户故事”格式简单，包含“用户是谁”“需要做什么”“为什么”三个部分。这里的“为什么”类似于 OKR 中的 O，负责解释目的和意图，用来指导和验证具体的工作；而“用户故事验收标准”类似于 OKR 中的 KR，是从用户的角度来看解决了哪些问题，或者达成了哪些结果。支持性部门在制定 OKR 时可以参考其他部门制定“用户故事验收标准”的思路。

“验收标准”式的 OKR 同样适用于横向的跨部门协作。因为除自上而下分解而来的 OKR 之外，许多团队还涉及与上下游团队协作的工作，这部分工作未必能够直接由上级 OKR 分解而来。此时，支持性部门就可以和上下游团队探讨协作工作的“验收标准”，从而将形成的结果型 OKR 加入列表，避免 OKR 任务化。

OKR 不仅可以自下而上涌现，或者从生产部门涌现至支持性部门，还可以在有协作关系的任何部门之间互相涌现。生产部门可以将所需的支持和协作需求向上反映，由上级采纳成为上级 OKR 的一部分，并在上级的协调和推动下转化为其他部门的 OKR，然后由其他部门进行内部分解。公司全局 OKR 就在这样的过程中获得了优化。**因此，OKR 的制定并非一个简单的上级制定、下级分解的过程，而是一个协作的内循环过程。**内循环的目的是更好地优化资源，达成公司的年度 OKR。

二、团队、个人自主制定的 OKR

在关于如何实践 OKR 的研究中，有一些案例提到了由团队或个人来制定 OKR，然后向上级汇报、申请。许多人由此认为 OKR 自下而上制定的模式就是各级单位部分或者全部自主制定 OKR。这是一种基于对特定案例的片面理解得出的错误的结论。

组织存在的意义在于实现其战略目标。下级当然可以自主制定一些目标，但这些目标都应该紧紧围绕如何更好地实现组织战略这一大型目标。在前文所举的例子中，所有的 OKR 都是由如何在各级别的操作细节层面上更好地实现上级 OKR 而来的，不存在脱离公司战略的 OKR。

对于一些团队成长、个人成长类 OKR，也不应该盲目地自行制定，或者根据个人喜好制定，应该围绕如何更好地实现团队、个人 OKR 中与公司战略紧密相关的那部分 OKR 来制定。例如，如果一个软件开发团队制定了一个 OKR，要提升团队某方面的技能，为将来做准备，那么该团队首先应搞清楚以下两个问题：

（1）该技能要服务于哪个自上而下分解而来的 OKR？或者该技能如何促进上级 OKR 的执行？

（2）该技能提升到何种可量化的程度即可实现该 OKR？

这两个问题的答案能够帮助团队或个人解释成长类目标是否真正有意义，以及应该达成到何种程度，从而避免盲目地学习和时间上的浪费。凡是由各级团队或个人制定的关于“内部运营”“学习与成长”两个维度的目标，都应该使用类似的问题进行检验。

OKR 是战略目标向下传递的过程，也是度量组织内部所有活动是否有效围绕战略目标而开展的基础。如果人们自行制定 OKR，最后的结果十分有可能是各行其是，一盘散沙，效率低下。如果有人质疑公司战略或者上级 OKR，那么也应该通过其他渠道解决，而不是自行制定 OKR。在某些规模巨大的组织内部，也存在一些部门或者团队对于上级战略目标不清晰，于是自行制定 OKR，或者要求下级自行制定 OKR，然后向上汇报的情况。这些情况并不是 OKR 可以自下而上制定的理由，而是管理上出了问题。

有些关于 OKR 的教材里提到了一些硅谷创新型企业允许员工按照自己的想法制定 OKR，并获得了惊人的效果的案例。然而，此类案例并不能证明让员工自行制定 OKR 一定是明智的做法。第一，这些案例中只有一部分 OKR（不到全部 OKR 的 40%）是员工自行制定的，也就是说，员工被允许在一定范围内尝试自主制定 OKR；第二，并不是所有的组织、所有的岗位都是以创新为主要发展动力的；第三，即使在创新型企业或者岗位中，其创新方向也应该依照组织战略的发展方向，而不应盲目创新。在没有帮助员工很好地理解组织战略的前提下，让员工自行制定 OKR，带来的浪费往往大于收益。

因此，团队、个人自主制定 OKR 的最佳形式，就是前文案例中描述的那样，围绕如何更好地达成上级 OKR，涌现出更多补充性的 OKR。

三、打造健康的 OKR 内循环的节点

组织要想打造健康的 OKR 内循环，让 OKR 能够顺畅地自下而上，再横向、向下流动，需要注意两个节点：一个节点在年度 OKR 的制定过程中；另一个节点在 OKR 的评审过程中。

1. 年度 OKR 的制定过程

在年初组织内部各级团队年度 OKR 的制定过程中，不应该遵循自上而下分解 OKR 的简单路径，各级团队只召开一次 OKR 制定会议，正确的做法是在为期两周到一个月的过程中，遵循以下流程：

第一，各级团队在 OKR 制定会议中，从上级 OKR 中分解出自己应该达成的核心 OKR，并且围绕如何达成该核心 OKR 进行讨论，衍生出一些新的 OKR，或者需要上级支持和协作的需求，接着向上汇报；

第二，上级在审阅下级 OKR 和需求时，可以吸收一部分 OKR，还可以将一些合适的 OKR 推广到其他团队，或者将内部需求转化为其他部门的 OKR；

第三，任何一个级别的团队都可能收到其他部门提出的协作需求，各级团队应该及时根据这些需求调整自己的 OKR。

因此，OKR 的制定过程不仅是一个自上而下的过程，更是一个 OKR 在内部各部门涌现、流动的过程。在整个过程中，管理人员需要起到观察、沟通、组织、协调等作用。

该流程会导致在最初的 OKR 制定完成之后，各级团队的 OKR 还有可能发生一些变化。在每次潜在的变化发生后，管理人员应该召开会议，组织员工讨论并根据新的要求完善本团队的 OKR，并通知上下级团队。因此，对各级团队而言，在初步制定好 OKR 之后，还会召开数次 OKR 修订会议。

允许其他团队向自己提出要求，并纳入本团队的 OKR，并不会导致团队之间讨价还价，OKR 始终无法确定的情况发生。对大部分团队而言，主要的 OKR 来自上级 OKR 的分解，在第一次制定会议之后就能确定下来。如果对其他团队有协作需求，在提出协作需求之前，应依照 SMART 原则和“验收标准”整理自己的需求，这样可以减少误解，尽快得到支持与协助。当然，上级管理人员在其中也要起到重要的协调作用。

2. OKR 的评审过程

OKR 季度评审会议和 OKR 日常检查会议是打造健康的 OKR 内循环的第二个节点。随着工作的开展，一个团队的 OKR 可能发生变化，或者对其他团队的协作需求可能发生变化，进而影响其他团队的 OKR。这时候，管理人员要及时就 OKR 的变化、协作需求的变化和其他团队进行沟通及协调，同时本团队要根据其他团队的反馈，做好调整自身 OKR 的准备。

组织内各级团队的管理人员在保障 OKR 内循环的健康上有至关重要的作用。管理人员要做到细心观察，及时发现变化，勇于拥抱变化，尽早采取措施。如果管理人员不能很好地起到协调的作用，那么自下而上优化 OKR 就是空谈。

战略制定者们往往更清楚组织要什么，但对实施过程中各级团队所需要的协调、支持等缺乏了解，不能制定出相应的 OKR 进行指引；而下级更清楚实施过程中的细节和困难，但往往其视野也被困在细节里，对最终要获取的价值缺乏了解。因此，组织单纯地自上而下或者自下而上制定 OKR 都是不完善的，应该打通自下而上的反馈渠道，同时管理人员应促进反馈的横向流动，建立健康的反馈循环，让组织内各级团队都能获得有价值的信息，这样最终才能实现 OKR 的优化，使其发挥更大的力量。“建立反馈循环，自下而上优化 OKR”是 OKR 实施进入“深水区”之后不可忽视的一条军规。

小结：

- OKR 简单地自上而下分解会产生很多盲点，因为宏观战略无法指导微观操作。
- 组织在制定 OKR 时，首先应该自上而下进行分解，然后遵循自下而上优化、向平级涌现、新的 OKR 向下传递的循环流程。
- 打造健康的 OKR 内循环，需要利用 OKR 制定和评审过程中的两个节点，组织内的管理人员是维护健康的 OKR 内循环的关键人物。
- 团队和个人在自主制定 OKR 时，不能随便制定，应紧紧围绕战略目标制定，以实现战略目标为目的。

第 3 章

OKR 跟踪阶段的 5 条军规

3.1 以 OKR 为导向，频繁地校对方向

“良好的开端是成功的一半。”在本书的第 2 章中，我们详细地介绍了制定一个合格的 OKR 所需要遵守的规则。然而，制定 OKR 只占 OKR 实践的一小部分。OKR 的价值是指导日常工作，度量日常工作的有效性，帮助组织尽早发现计划、任务层面可能存在的方向性、效率性问题。只有在日常工作中频繁地对齐 OKR，才能使 OKR 的作用得以发挥。如果对齐 OKR 的时间间隔太长，更有甚者制定完 OKR 就将其束之高阁，那么最终也无法获得任何好处。因此，OKR 的跟踪阶段很重要，这里也有 5 条军规，可以帮助使用者有序地推进 OKR。其中，第一条军规是：

以 OKR 为导向，频繁地校对方向。

“以 OKR 为导向”，即在进行阶段性评审和跟踪的时候，核心是 OKR，而不是工作计划或者任务进度。

“频繁地校对方向”指的是要根据工作性质保持合适的跟踪频率，不可将 OKR 制定完毕后就束之高阁，或者很长时间才检查一次。只有坚持频繁地进行检查，才能尽早发现计划、任务层面可能存在的方向性、效率性问题并及时纠正，避免在错误的道路上走太远，从而浪费资源，尤其是宝贵的时间。

为了能够“频繁”地校对方向，组织应该在执行过程中设置一些检查仪式。这些仪式一部分是固定的检查仪式，另一部分是不固定的检查仪式。常见的 OKR 检查仪式包括以下几种：

（1）季度 OKR 评审；

（2）年度 OKR 评审；

（3）OKR 的日常检查。

其中，“季度 OKR 评审”和“年度 OKR 评审”属于固定的检查仪式，需要按时进行；而“OKR 的日常检查”属于不固定的检查仪式，进行频率与工作的复杂性、不确定性等因素相关。

一、季度 OKR 评审

季度 OKR 评审指的是以季度为单位总结工作的阶段性结果，并用 OKR 进行度量的活动，该活动一般发生在季度结束前的一周。季度 OKR 评审的核心活动是召开评审会议。季度 OKR 评审会议如表 3-1-1 所示。

表 3-1-1

季度 OKR 评审会议各阶段	活动内容
会议前	（1）总结季度工作的成果，确保相关成果在 OKR 跟踪工具中已正确录入； （2）核对季度 OKR 的完成情况，形成会议输入
会议中	（1）展示季度 OKR 的完成情况，以及年度 OKR 的进展情况； （2）根据季度 OKR 的完成情况反映出的问题进行讨论，并形成调整方案； （3）对剩余季度 OKR 的完成信心进行调查，了解和掌握情况
会议后	（1）将 OKR 的进度及反映出的问题通报相关各方； （2）跟踪执行调整方案

季度 OKR 评审的结果可能出现以下几种情况。

（1）OKR 的进度正常完成。

如果 OKR 的进度正常完成，则说明 OKR 制定得较合理，团队在执行的过程中没有发生严重问题，或者有问题也能及时纠正，无须返工。

（2）OKR 的进度超出预期。

如果 OKR 的进度超出预期，则说明团队完成的工作超出了制定的季度

OKR。这种情况说明制定的 OKR 挑战度不够，可以考虑酌情提升剩余季度 OKR 及年度 OKR 的挑战度。

（3）OKR 的进度不及预期。

OKR 的进度不及预期的原因很多，如 OKR 制定得远远超出了团队的能力，团队的计划或任务制订得不合理，与 OKR 的方向有偏差，或者方向没有偏差但效率低下等。如果原因简单，则可以在评审会议上讨论根源，并形成解决方案，在下一个季度进行改进；如果对于某个问题的成因难以达成共识，则不建议在评审会议上耗费过多的时间，而是可以在评审会议结束后，寻找其他时间针对该问题进行讨论，必要时邀请项目干系人参与。

组织内各级团队都需要自行组织季度 OKR 评审活动，并将评审的结果（包括 OKR 的执行结果、重大问题、改进方案、后续行动等）与项目干系人进行沟通。

员工的直属上级也应与员工就其个人 OKR 开展一对一的季度评审活动，对其个人 OKR 的完成情况进行分析，并对可能存在的问题及时进行双向反馈。

季度 OKR 评审是用 OKR 检测工作效率、工作质量的重要活动，组织要想有效地发现工作中存在的问题并及时纠正，需要在该活动进行的过程中注意收集反馈，有效复盘，而且要控制评审活动所占用的时间。

二、年度 OKR 评审

年度 OKR 评审发生在一个工作年即将结束的时候。如果组织的工作年周期与自然年重合，那么年度 OKR 的评审准备工作一般在 12 月中旬开始。年度 OKR 评审会议如表 3-1-2 所示。

表 3-1-2

年度 OKR 评审会议各阶段	活动内容
会议前	（1）总结年度工作的成果，完成相关成果在 OKR 跟踪系统中的录入； （2）核对年度 OKR 的完成情况，形成会议输入
会议中	（1）展示本部门年度 OKR 的完成情况，以及上级部门 OKR 的完成情况； （2）所有与会者对年度 OKR 的完成情况达成共识； （3）对年度 OKR 的完成情况反映出的问题进行讨论，并对问题的成因进行讨论且达成共识
会议后	（1）将年度 OKR 的完成情况及反映出的问题通报相关各方； （2）将年度 OKR 的完成情况及问题进行存档，以供制定下一个年度 OKR 时参考； （3）将年度 OKR 的完成情况作为绩效考核的重要凭证之一录入相应的考核系统

组织内各级团队都需要自行组织年度 OKR 评审活动，员工的直属上级也应与员工就其个人 OKR 开展一对一的评审活动。所有的评审结果都应记录在专门的 OKR 跟踪系统内。

年度 OKR 的完成情况也存在“进度正常完成”“进度超出预期”“进度不及预期”三种情况。由于年度 OKR 的完成情况是年终绩效考核的重要参考，如果出现进度不及预期的情况，则要检查与会者是否对结果有异议，对可能的背后原因要耐心听取和记录各方意见，以防给后续的绩效考核带来隐患。

三、OKR 的日常检查

仅仅开展季度 OKR 评审和年度 OKR 评审，对尽早发现工作过程中的问题而言是不够的。人们一旦制订出完成 OKR 的具体工作计划，就会很容易沉入计划和任务的细节中，不容易跳出来重新审视工作计划，当工作与目标发生偏离时也不容易发现。

在软件行业中，一个项目在实施的过程中经常会出现意料之外的技术问题，导致不得不对原来的方案和计划进行修改。此时，需求分析团队、技术团队、测试团队之间的讨论往往会以如何避开难题为主要核心，以各方都希望减轻本团队的负担为次要核心展开，鲜少围绕项目要实现的最终价值这个核心展开。其实，并不是人们有意忽略价值，而是人们更容易迷失在细节中。

在一个季度中，增加日常跟踪的节点有助于提高对齐 OKR 的频率，OKR 的日常检查就是为了实现这个目的而设置的。由于 OKR 中的 KR 是结果型指标，而非任务型指标，只有当工作产生阶段性结果之后再去对齐 OKR 才有意义。在通常情况下，一个月是大部分团队能产生一些可见结果的周期，因此以月度为单位设置跟踪节点（如增加月度 OKR 评审会议）是一个可行的做法。

我们可以在每次迭代末尾对齐一下 OKR。敏捷迭代的周期一般是 2～4 周，因为每次迭代都要求产出可验证的产品，所以迭代末尾理论上是有结果产出的，此时对齐 OKR 也是比较好的时机。对未采用敏捷方法的团队而言，当有阶段性的可见产出物时也是对齐 OKR 的好时机。如果短时间内没有明显的阶段性产出物，那么至少每隔一个月应该检查一下 OKR 的进度，以尽早发现工作过程中存在的问题。

有的团队采取以更短的周期，更频繁地检查 OKR 的做法，如召开 OKR 周例会、在每日站会上引入 OKR。实际上，这样做意义并不大。因为 OKR 是结果，可见的结果需要完成一系列任务之后才能见到。在可见的结果产生之前，OKR 不会有任何变化，此时去对齐 OKR、检查 OKR 的进度是一件浪费精力且没有意义的事情。

有的组织在实践的时候，将 OKR 写成了任务的形式（OKR 的跟踪就变成了任务跟踪），然后采用周例会的形式跟踪 OKR。这样做似乎有意义，但其意义和一些项目的周例会的意义一样，即检查任务的进度。但是，任务的进度并不代表结果的进度，而且检查任务的进度并不能及早发现任务本身可能存在的问题，所以这样做不会获得理想的结果。

OKR 日常检查会议也可以采取非正式的形式。如果组织使用 Scrum 方法推进工作，则可以将 OKR 的日常检查嵌入迭代评审会议，在迭代评审会议的正式流程结束后，抽出 5 分钟时间对齐一下 OKR，检查一下 OKR 的进度；如果组织使用其他方法推进工作，则可以在项目阶段性验收会议上花费 5 分钟时间进行 OKR 的日常检查。

对于确定性较高的工作（如高度流程化、标准化的工作），可以适当延长日常检查周期，如每两个月进行一次评审，甚至取消日常检查，只保留季度跟踪；但对于复杂性高、不确定性高的工作，日常跟踪不仅不可以取消，还应至少每个月开展一次。

小结：

- OKR 的执行过程要“以目标为导向，频繁地校对方向”，用 OKR 指导具体工作，并尽早发现问题。
- OKR 通过“季度 OKR 评审”“年度 OKR 评审”“OKR 的日常检查”三种仪式实现频繁地校对方向。
- “季度 OKR 评审”和“年度 OKR 评审”需要按时进行，而“OKR 的日常检查”可以具体情况具体分析，这样做的目的是减少不必要的会议。

3.2 拥抱变化，适当调整 OKR

OKR 是为了应对复杂性而生的，其崛起的过程也是紧紧跟随商业环境日趋复杂的过程。OKR 应对复杂性的做法是将组织要获取的最终结果作为指南针，来指导整个实施过程，而不是试图控制复杂性的过程。此外，组织在执行 OKR 的过程中要频繁地对齐 OKR，检测过程的有效性，尽早发现工作过程中存在的问题。

虽然 OKR 的设计原理是要树立一根“定海神针”，防止人们迷失在复杂的过程中。但这并不意味着 OKR 一旦制定好就不能改变，或者不需要改变。在一些情况下，对于 OKR 要进行果断的变更，以起到更好地指导工作、减少损失的作用。

一、O 的变更

OKR 是任务的指南针，但是对 OKR 本身来说，O 又是 KR 的指南针，所以 O 的提炼非常重要。在 OKR 的基本概念中，之所以强调 O 要能够准确地描述目的和意图，一方面是因为目的和意图相对稳定，更适合作为指南针，另一方面是因为即使 O 面临变化，也不至于太频繁或者太大。因此，没有比 O 更适合指导任务和计划的制订了。

虽然 O 相对稳定，但在实际操作中仍然会遇到一些挑战。

（1）来自外界的不可抗力变化。例如，突然出现的竞争对手、金融危机等。这种突变往往会改变外部经营环境，使得组织战略被迫调整。相应地，OKR 的 O 自然也要根据最新战略及时变更。

（2）组织处于特殊阶段。一个比较常见的例子是组织处于转型阶段。大多数时候，当一个组织做出转型决策的时候，其能清楚地讲明转型的迫切性和必要性，但转型的终点在哪里，往往是不确定性的。例如，近年来非常流行的数字化转型许多企业都在做，但是如果对这些企业进行进一步调研，询问各企业相关人员假如数字化转型成功了，企业在战略规划、内部运营、财务管理、中层管理上会变成什么样子，则得到的答案往往是模糊的。但这并不意味着这些企业的数字化转型是笔糊涂账，因为任何大型组织的转型本身就是极其复杂的，需要在探索中前行。既然是在探索中前行，那么随着探索的深入，最初的目的和意图发生变化是很正常的，这是一种积极的变化。此时，O 应该紧随探索过程中的认知变化而变化，而不应该固守最初制定的 O。

（3）组织处于新成立阶段。一些组织在刚刚成立的时候，虽然组织的战略目标很清晰，组织层面的 O 不会发生变化，但新成立的组织内部结构往往还不稳定，职能部门、职能岗位经常发生变化。对基层部门而言，O 是结合其职能和职责制定的，当这些发生变化时，O 自然也应该发生变化。

随着特殊阶段的过去，O 最终会稳定下来。但是，在特殊阶段，频繁地变更 O 会给组织内部的个体带来负面感受，他们短时间内会觉得无所适从，甚至会觉得许多资源被浪费了。这时候，面对 O 的频繁变更，人们应该保持积极的态度，因为每当变化来临时立刻停下来，重新定位 O 能让组织更快地度过特殊阶段。如果人们消极对待特殊阶段的变动和不确定性，希望不管对错，O 只要制定好了就不要轻易改变，或者至少把当下的 O 达成之后再考虑改变，那么短期来看人们虽然能专注工作一段时间，但长期来看工作的产出对于组织的战略目标并无太大贡献。

（4）组织处于 OKR 实践初期。OKR 的特征是“一听就会，一做就错”。在 OKR 实践早期，即使组织内部已经进行了充分的培训和练习，但在实际操作的过程中，仍然可能出现 O 制定得不够清楚或者 O 是任务，而非目标的情况。

如果 O 制定得不合理，在执行的过程中就会遇到诸如“未预见的工作突然出现”“遇到困难执行不下去”等情况，此时 O 就不得不进行变更。当由于 O 制定得不合理引起的变化发生时，组织不应该着急制定新的 O，而是应该停下来进行复盘。复盘时要参考 O 的定义，对齐“制定‘目标’，而非制定‘任务’” 这条军规，明确在制定 O 时所犯的错误，从而避免在制定新的 O 时犯同样的错误。如果组织不及时进行复盘，那么很有可能在制定新的 O 时犯同样的错误，使得新的 O 在不久之后又遇到同样的问题而不得不再次变更。

如果组织发现 OKR 的制定存在问题，但是因为调整起来太麻烦，就按照错误的方式继续执行下去，这样虽然暂时避免了麻烦，但在实践 OKR 后长时间没有获得相应的收益，组织内的人就会对继续使用 OKR 失去动力，并且可能对 OKR 所需的各种工作失去热情，时间长了 OKR 的变革就不了了之了。

二、KR 的变更

在 OKR 实践过程中，KR 也是可能或主动、或被动发生变更的。KR 变更的主要原因有三种。

（1）KR 是任务，而非结果。在执行过程中，若发现任务已经完成，但目标仍未达成，则需要变更 KR。

（2）KR 的数量发生变化。在同一个 O 下，KR 的数量根据需求增加或者减少。

（3）KR 的量发生变化。某个 KR 的完成要求被提高或者降低。

如果 KR 是任务，而非结果，就容易遇到任务已经完成，但目标仍未达成的情况。举个例子，某公司客服部门其中一个 OKR 如下。

O：为客户提供一流的客服体验；

KR1：对客户使用手册进行改版，使其更易读、易懂；

KR2：客户电话在 5 秒内接听；

KR3：使用新的客户服务支持系统。

该公司在完成上述三个 KR 之后发现，客户对客服体验仍然不满意，O

并未达成。这种情况就是任务型 KR 导致的，这些任务型 KR 显然与 O 不互为充分必要条件。当出现这种情况时，该公司需要及时将任务型 KR 调整为结果型 KR，具体如下。

O：为客户提供一流的客服体验；

KR1：客户满意度调查平均分数达到 95 分（百分制）以上；

KR2：客户提出的问题 90%在 1 小时内获得解决，8%在 3 小时内获得解决，2%在 24 小时内获得解决。

当制定出结果型 KR 之后，再根据 KR 制定任务，并通过对齐 KR 的方式检查任务是否有效，进而做出相应的调整，这样做很快就能找到有效的任务。

KR 的数量发生变化，主要是 KR 识别不全或识别不科学引起的。以前面的例子为例，在将任务型 OKR 纠正为结果型 OKR 之后，该公司客服部门在实施 OKR 的过程中，有人通过参加外部培训，学到了一个度量客户满意度的新指标，即 NPS。经过讨论之后，该公司客服部门认为跟踪 NPS 有助于更好地了解客户满意度，于是增加了一个相关的 KR，修改之后的 OKR 如下。

O：为客户提供一流的客服体验；

KR1：客户满意度调查平均分数达到 95 分（百分制）以上。

KR2：客户提出的问题 90%在 1 小时内获得解决，8%在 3 小时内获得解决，2%在 24 小时内获得解决；

KR3：NPS 不低于 6 分（十分制）。

在实施 OKR 的过程中，该客服部门观察到“客户满意度调查”过于笼统，其收集到的信息不足以为改进工作提供精确的指导，所以其将“客户满意度调查”拆分成“客服人员满意度”和“服务流程满意度”，还制定了合格的标准，并将对应的关键结果进行了拆分，再次修改之后的 OKR 如下。

O：为客户提供一流的客服体验；

KR1：客服人员满意度调查平均分数达到 95 分（百分制）以上；

KR2：服务流程满意度调查平均分数达到 90 分（百分制）以上；

KR3：客户提出的问题 90%在 1 小时内获得解决，8%在 3 小时内获得解决，2%在 24 小时内获得解决；

KR4：NPS 不低于 6 分（十分制）。

至此，该公司客服部门“为客户提供一流的客服体验”这个目标对应的关键结果数量从两个增加到四个。需要注意的是，KR 的数量并不是只会增加，在执行的过程中，组织若发现某些 KR 与目标的关联并非想象中的那样紧密，则需要尽早删除这些 KR，在这种情况下，KR 的数量就会减少。

如果说制定 O 的难点在于聚焦目的和意图，探索最终价值，制定 KR 的难点就在于既覆盖全面，又没有冗余。为了尽可能做好 KR 的识别工作，组织需要在一开始的时候就群策群力，注重反馈，还需要在执行过程中密切观察 KR 的实施对目标的影响，及时增加新的 KR，减少不再需要的 KR。

KR 量的变更可能是一些突发情况导致的。举个例子，某公司 HR 部门的一个季度 OKR 如下。

O：确保各部门人员不紧缺；

KR1：本季度招聘 20 名新员工；

KR2：本季度离职人员少于 10 人；

KR3：及时响应各部门的需求，与人员需求及人员变动相关的工单队列不多于 3 个。

在本季度的第二个月，由于突然有新项目签订，导致该公司对人力资源的需求大增。此时 O 并不会受到影响，但是 KR 需要变化。原本计划招聘 20 名新员工的 KR，需要改为招聘 35 名新员工，KR 的方向没变，但是量增加了。

KR 也有可能减少。OKR 的制定讲究具有一定的挑战性，但有时候组织或个人对自身能力的预估往往不是很准确，可能制定难度过大的 KR，在执行过程中才发现完成挑战很困难，此时可以适当降低 KR 的难度。

通过前面的例子我们可以发现，OKR 的制定应该以保证 O 的实现为前提，需要避免因为 KR 出现了问题而去改变 O 的情况发生。

三、OKR 的季度变更

除前文提及的一些可能导致 O 和 KR 变化的因素外，季度 OKR 的评审活动也可能导致 OKR 发生变化。季度 OKR 的评审发生在各个季度快结束的时候。人们会检查本部门季度 OKR 的进度，以及季度 OKR 产生的结果对年度 OKR 进度的影响。人们还会对齐上级 OKR，以及平级其他协作部门的 OKR。

与年初制定 OKR 的时候相比，在季度末尾，工作已经实际开展了一段时间，取得了一些进展，人们也对如何更好地完成上级、本级的 OKR，如何更好地与上下游部门合作产生了一些新的观点。这些观点大多是从实践中得来的，是非常宝贵的。这些观点可能对剩余的季度 OKR 或者年度 OKR 有一些影响。因此，组织应该在 OKR 评审会议或者单独的会议中，根据实际情况，结合积累的经验和新的观点，适当调整未完成的季度 OKR 和年度 OKR。

在敏捷方法中，有一个词叫作“涌现式”，指的是最佳解决方案并非源自象牙塔中的设计，而是源自人们通过快速迭代的方式试错，根据试错的结果不断调整解决方案，直到调整出最佳解决方案。这种“涌现式”同样适用于 OKR 的变更和调整。OKR 的跟踪过程不仅是一个检查进度的过程，还是一个持续对剩余目标进行重构的过程，理解这一点是 OKR 得以发挥最大效能的关键。

“拥抱变化，适当调整 OKR”之所以应该被当作一条军规来执行，是因为大多数人骨子里是不喜欢变化的，人们更倾向于按部就班地执行计划，甚至为了不改变计划故意忽略一些问题，放弃一些可能的机会。这种倾向性在项目管理、个人的职业生涯管理，甚至在日常生活中都十分常见。然而，如果从获取最大价值、减少过程中的损失这个角度来讲，“早发现、早调整”是十分有必要的。虽然 OKR 描述的是目的和意图，相对任务来讲可能发生的变化已经很少了，但是人们不应该过度依赖 OKR，应该对外界环境的变化保持高度敏感，及时做出适当的调整。

小结：

- OKR 虽然相对稳定，但仍然会发生变化。
- 导致 OKR 变化的原因不同，应对的方法也不同。
- OKR 的变更会给组织内部带来不少麻烦，但 OKR 若不拥抱变化，则要面临浪费很多额外的资源才能达成最终目标，甚至无法达成最终目标的烦恼。
- OKR 拥抱变化的过程是一个持续对剩余目标进行重构的过程。

3.3 选择合适的工具，让 OKR 进度透明

保持内部信息的高度透明，对许多组织来说是实现战略落地、提高运营效率、降低管理成本有效且必要的方法。这点在组织的经营管理学范围内属于基本的共识。在内部信息不透明的组织里，人们能清楚描述的，往往仅限于眼前的任务内容。当谈到其工作在更大范围内要去实现的目的和意图，以及更高层面组织内部是怎样交流协作从而实现更大价值的时候，

大多数人的反应如在迷雾之中。也就是说，大到组织的愿景、使命、战略，小到为什么要制订当下的目标和年度计划等，在组织内传播的范围并不是很广，人们的理解也并未达成一致。这样的组织一般会面临战略落地困难、运营效率低下等问题，内部会存在大规模的资源空转或浪费。实际上，要想让这种情况得到改善并不难，只需要在 OKR 的跟踪过程中贯彻执行如下军规：

选择合适的工具，让 OKR 进度透明。

一、组织内部信息不透明的原因

组织内部信息不透明带来的弊端显而易见，但信息不透明有时候并不是因为信息没有得到有效传播，或者人为制造出的信息壁垒。因为组织的愿景、使命、战略，以及上级部门的目的和意图，在各种公开会议上都有宣讲，并以文档的形式记录在案，并非处于保密状态。但人们对信息的记忆和理解仍处于模糊的状态，更不要说用这些信息来准确地指导工作了。也就是说，组织内部关键信息可能只停留在纸面上，并未有效地融入日常工作中。

要实现关键信息有效地融入日常工作中，这些关键信息需要同时满足以下条件。

（1）反复出现。关键信息要经常性地被看到，才能够让人印象深刻。

（2）被频繁地使用。关键信息作为日常工作的参数被频繁地使用。

简单地说，只有常见、常用的信息才能够被人们记住并理解透彻。只在会议上强调几次，就指望关键信息深入工作的方方面面，这是不现实的。对 OKR 来说也是如此。在实践中，许多组织在制定好 OKR 之后就将其束之高阁，员工在工作开始之后就掉入任务的细节中，不再频繁地对齐 OKR。这使得 OKR 并没有融入日常工作中，即使组织花费了不少时间和精力制定

OKR，也并不会获得理想的效果。

组织内部信息不透明，其实很大一部分原因是当信息发布后，在执行过程中没有反复出现，没有被频繁地使用而被人们“遗忘”了。而人们之所以没有频繁地访问和使用这些关键信息，主要是由于这些信息的访问并没有人们想象的那样容易。

例如，有些公司采用文档或邮件的形式记录会议上提及的关键信息。这种信息并不视觉化，需要人们主动去查询才能获得。然而，当人们觉得有需要去查询时，往往因为检索麻烦，或者记不清楚具体放在哪个文件夹、哪个邮件中，从而放弃查询，转而凭模糊的“记忆”或者“感觉”继续工作。

又如，有些公司虽然引入了专业的工具进行关键信息的记录和分发，但是任务跟踪工具和目标、战略跟踪工具采用的是两套独立的系统。人们在对齐任务和目标的时候，需要分别登录两套系统，不但麻烦，而且不直观。市面上有一些办公系统虽然既包含战略、目标等跟踪，也包含任务跟踪，但是二者分布在不同的功能模块，仍然需要手动查询和人为进行关联，任务和计划的进度，以及目标和战略的进度不能直观、视觉化地反映出来。

从上级的视角去看，下级应该主动、频繁地对齐目标和战略，并且认为定期查阅系统中的相关信息，对齐目标和战略并不是什么困难的事。其实，考虑到人们日常要面对来自工作量、交付时间、需求变更等方方面面的压力，人们降低对齐目标和战略的频率，甚至短时间内忘记初心，都在情理之中的。如果组织希望各级员工能够落地战略，清楚目标，所制定的任务都紧紧围绕目标，那么不应该仅靠反复强调和要求，而是应该引入合适的工具，一方面频繁地提示目标和战略，另一方面降低员工调用战略信息、年度目标信息等的复杂性。“合适的工具”是实现 OKR 进度透明的保障，若工具难用，OKR 的透明就只能是一种美好的愿望。

正如在设计交互软件时，通常人们认为好的设计应该让用户在两次点击之内就能定位到自己所需要的功能，一个好的 OKR 工具，也应该让人们在两次点击之内，就能完成任务进度和 OKR 进度的对齐；在两次点击之内，就能完成上下级之间 OKR 进度的对齐；在两次点击之内，就能完成跨团队协作过程中的 OKR 进度对齐等。

二、利用合适的工具，提升 OKR 的透明度

市面上有很多工具具有 OKR 的记录和跟踪功能。大部分工具都具有 OKR 流程所需的功能，如 OKR 的录入、上下级 OKR 的关联、OKR 与任务的关联、OKR 的进度及从整体反映 OKR 情况的仪表盘等。不同的 OKR 软件在这些功能的组合形式上有些许不同，报价也有所不同。组织可以根据自身的规模、内部结构和协作方式、预算等进行选择。如果想实现 OKR 的高度透明，以及发挥 OKR 对日常工作的指导作用，那么组织在选择这类软件时应该注意其是否能够准确地支持以下功能的使用。

（1）显示 OKR 从顶层至底层完整的树状结构，如图 3-3-1 所示。

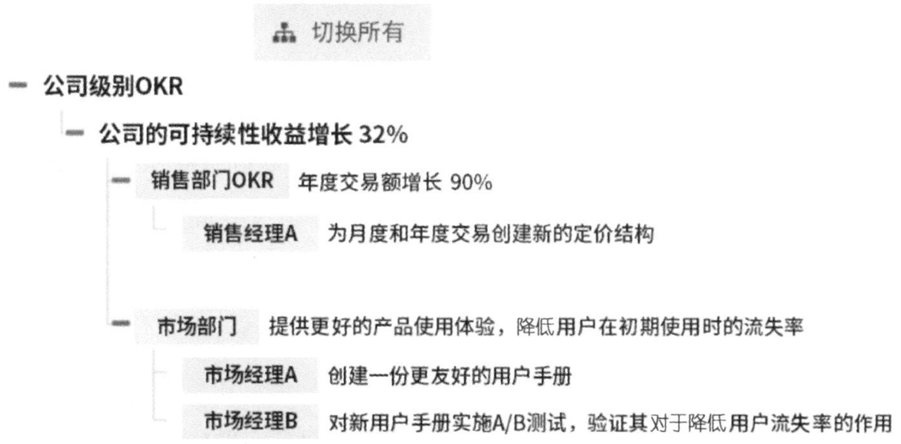
切换所有
公司级别OKR
公司的可持续性收益增长 32%
销售部门OKR
年度交易额增长 90%
销售经理A
为月度和年度交易创建新的定价结构
市场部门
提供更好的产品使用体验，降低用户在初期使用时的流失率
市场经理A
创建一份更友好的用户手册
市场经理B
对新用户手册实施A/B测试，验证其对于降低用户流失率的作用

图 3-3-1

展示自上而下完整的 OKR 树状结构能带来以下好处。

① 赋能员工。各级人员能够理解和追溯 OKR 的来源，了解公司的战略目标，做到“知其然，知其所以然”。这样他们才能更好地聚焦有价值的工作，合理地安排工作，及时发现不必要的工作。

② 更容易地自上而下梳理和自下而上对齐 OKR。没有组织或个人可以一次性制定出完美的 OKR，并进行毫无偏差的分解。实际上，人们可能由于旧思维习惯的束缚、新知识的理解不足，或者时间、外界不可抗力因素制定出并不完善的 OKR。树状图能够让人们更容易地自上而下梳理和自下而上对齐 OKR。这样人们就能发现其中不合理的地方，对现有 OKR 进行修改。如果树状图上能够显示每一级别 OKR 的进度，下级所有 OKR 的进度累加，与上级 OKR 的进度不符，则可能形成报警信号，提示此处上下级 OKR 之间可能存在某种不匹配的因素，极有可能在分解时出现了方向的偏离。

如果 OKR 软件中没有完整的 OKR 树状图，人们日常了解上下级 OKR，梳理对齐 OKR 的烦琐程度就会增加，那么人们去了解上级 OKR，甚至上上级 OKR 的意愿就会降低，从而导致他们只关注自己这一层级的 OKR，对更大范围的背景毫无兴趣。

（2）任务页面能够关联 OKR。

在办公软件的日常使用过程中，任务页面是更新和查看最频繁的。因此，在任务页面显示其关联 OKR（见图 3-3-2）非常有必要。

这样做能够让 OKR 反复出现在人们眼前，一方面能起到加深印象的作用，另一方面能触发人们思考任务与 OKR 之间的关系，对梳理任务优先级，尽早发现低效、无效的任务有重要的作用。

（3）计划、任务的进度与 OKR 的进度在同一页面展示。

OKR 的重要作用之一是指导计划和任务的制订、度量计划和任务的效果。因此，一个好的 OKR 软件应该能够帮助人们更方便地关联大块任务进度、项目进度等过程指标和 OKR 的进度（见图 3-3-3 和图 3-3-4）。

图 3-3-2

图 3-3-3

```
公司OKR

2021年年底前实现营收5000万元

关键结果

应用研发部全年收益300万元

平台运营部全年收益300万元

渠道运营部全年收益400万元

关联项目                    关联

政企类大客户维护
                          58%

数字化平台升级
                          48%

线上销售渠道搭建
                          100%
```

图 3-3-4

这样做既能够保证 OKR 在日常工作中反复出现，加深人们对 OKR 的印象，触发人们思考执行过程与 OKR 之间的关系，又能够提升 OKR 在迭代交付、项目进度检查等会议上被调用的频率，让所有工作都紧紧围绕 OKR 的愿景变成事实。

（4）为跨团队协作提供单独的功能界面。

有的大型 OKR 需要多个团队共同协作才能完成。在这种情况下，大型 OKR 会分解到各个团队中，每个团队都有自己对应的 OKR。在跨团队协作完成 OKR 的时候，往往会遇到以下问题：

① 向团队级别分解时，团队级别的 OKR 识别不全，导致交付中期或末期发现有缺失；

② 上下级 OKR 之间不满足充分必要条件，导致团队级别 OKR 完成了，但是总的 OKR 并未完成。

③ 大多数员工往往只知道自己所负责的工作，缺乏全局意识，既不能很好地识别本团队的计划和任务中存在的问题，也不能在与其他团队协作发生冲突时，从全局的视角思考解决方案。

以上问题都可以通过定期自上而下梳理 OKR，以及经常对齐上下级 OKR 的进度来避免。一个好的 OKR 跟踪软件应该能够让各协作团队的 OKR 数据收集更加容易和全面，让数据的呈现更加直观化、视觉化。因此，一个能显示整体 OKR 和各协作团队 OKR 的树状图，搭配视觉化的进度呈现（见图 3-3-5），能帮助协作团队解决大部分协作中产生的问题。

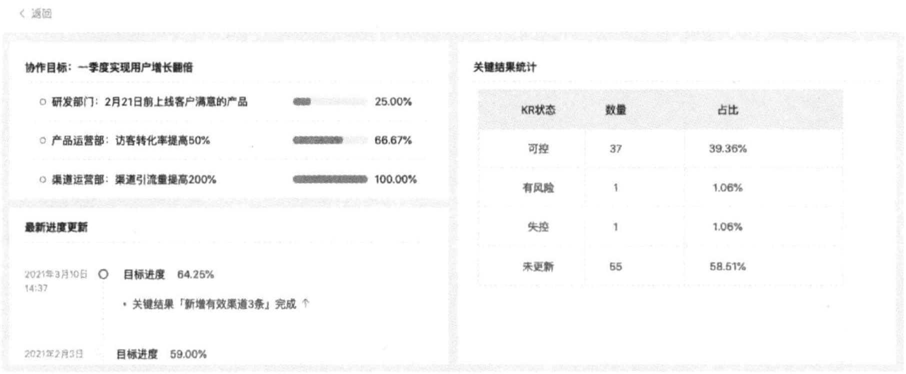

图 3-3-5

需要跨团队协作的 OKR 有单独的管理区域是非常重要的。实际上，有一些团队可能参与一些协作，与其他团队合力达成一个大的目标。与此同时，这些团队还有一部分时间分配在其他 OKR 上。因此，一个团队的 OKR 可能向上对齐多个大型 OKR，横向也会有多条协作路线，在向上对齐和横向对齐时可能出现一种网状的结构，这在大型企业中是非常常见的。如果每个需要跨团队协作的 OKR 都有单独的管理区域，就能够帮助协作团队更好地聚焦，有效地降低协作过程中的沟通成本、数据管理成本。当成本降低之后，人们就更愿意频繁地沟通，跨团队协作过程中的许多问题就迎刃而解了。

除选择软件之外，有些敏捷团队还将 OKR 放到物理看板上（见图 3-3-6），目的也是帮助实现关键信息被“反复看见”和“频繁使用”。

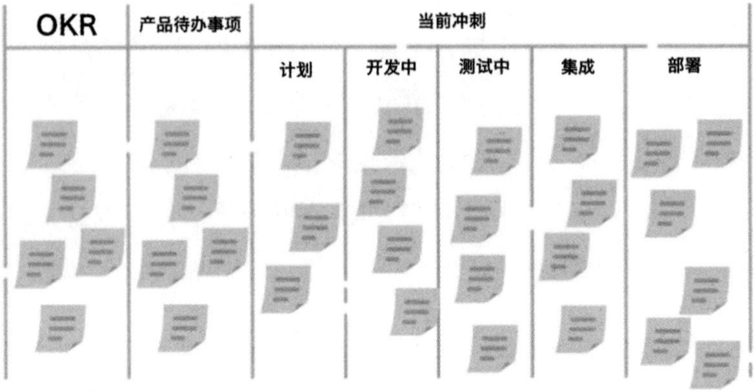

图 3-3-6

保持高度透明是 OKR 一个广为人知的原则。但常见的保持高度透明的做法，如公开传递 OKR、对记录 OKR 的文件不设访问权限等，远不足以获得人们希望通过 OKR 透明而获得的效果，即用 OKR 指导日常工作，提高效能。而真正实现人们能够在工作中反复看见 OKR，频繁使用 OKR，需要选择合适的工具，降低人们在使用 OKR 过程中的时间、精力等成本。因此，“选择合适的工具，让 OKR 进度透明”是一条必须遵守的军规。

小结：

- OKR 的公开透明，不仅是将 OKR 告知组织内的所有人，还要让 OKR 反复出现，频繁地在工作中被使用。
- 要想实现 OKR 的高度透明，需要选择合适的工具，或者采用将 OKR 放到日常工作看板上等做法。

3.4　跟踪“信心指数”，尽早识别问题

企业在跟踪 OKR 的进展情况时，并不使用项目管理中的“进度”“里程碑”等，而是使用“信心指数”这项指标。相比其他指标，该指标能够帮助人们聚焦剩余的工作，尽早识别问题，所以在 OKR 的执行过程中，它应该作为一项重要的进度指标，像军规一样被执行：

跟踪“信心指数”，尽早识别问题。

一、什么是信心指数

“信心指数”是描述完成 OKR 的信心的一个估值，用于描述对完成 OKR 剩余部分的信心。信心指数不是孤立存在的，每个 OKR 都对应一个信心指数估值。信心指数是由执行 OKR 的团队或个人给出的。如果是团队级别的 OKR，那么信息指数应该是一个所有团队成员都认可的数值。

信心指数通常是一个处于 1 到 10 之间的数字。如果团队或个人认为 OKR 百分百可以完成，则信心指数为 10；如果团队或个人认为无论如何也无法完成 OKR，则信心指数为 0。大多数时候，人们对完成 OKR 的信心指数介于 1 和 10 之间。信心指数可以用来提示风险。信心指数高，意味着前方的风险较小；信心指数低，意味着前方有较大的风险或障碍。在跟踪 OKR 的过程中，企业可以通过定期向执行团队或个人询问其对完成 OKR 的信心指数，来评估剩余工作的风险。

二、如何使用信心指数

在制定 OKR 的时候，企业可以使用信心指数来帮助团队或个人选择合适的 OKR。OKR 应该具有一定的挑战性。如果在制定完 OKR 之后，团队或个人对完成该 OKR 的信心指数在 9 和 10 之间，那么显然该 OKR 的挑

战性不够；如果团队或个人对完成该 OKR 的信心指数小于 9 但大于 7，则说明该 OKR 具有一定的挑战性，但尚不存在特别大的阻碍，可以一试；如果团队或个人对完成该 OKR 的信心指数小于 7，则说明 OKR 的难度过大，需要调整到合适的难度。

企业在执行 OKR 的过程中，可以使用信心指数监控风险。信心指数不是固定不变的，因为企业在制定 OKR 的时候不可能预见所有的问题。在执行 OKR 的过程中发现计划外的工作、内外部条件随着时间的推移而发生变化等情况，都可能导致人们对完成剩余 OKR 的信心不足。企业可以通过定期评估信心指数，跟踪信心指数的变化，尽早发现问题。

信心指数的评估可以在 OKR 的日常检查会议、季度评审会议，或者 OKR 的复盘会议上进行。会议现场可以询问员工对完成每个 OKR 剩余部分的信心指数，根据员工给出的数值判断下一步采取什么样的行动。需要注意的是，信心指数的评估不宜过于频繁，如每周或隔周评估一次，就属于过于频繁。OKR 是结果，而非任务。任务的进度是每天都会有变化的，所以每周检查任务进度是合理的；而结果的进度是经过一段时间，完成一系列任务而获得的。在结果发生变化之前，信心指数不会发生太大的变化，评估信心指数是无意义的，应该避免。一般来讲，每个月评估一次信心指数是比较合适的。

三、为什么要使用信心指数

为什么在评估 OKR 进度时，不使用常见的“进度”“里程碑”，而是使用信心指数呢？因为信息指数能起到以下两个独特的作用。

1．提高开会效率，引导人们聚焦未完成的工作

传统的进度检查（如项目的周例会、月例会等会议）大概分为三个部分：完成了哪些工作、接下来要完成哪些工作、有哪些潜在的风险和问题。

如果大家仔细观察，就会发现其中第一部分——汇报“完成了哪些工作”花的时间最长。与会者轮流进行汇报，一般会占据一半以上的开会时间。事实上，已经完成的工作和已经消耗的时间就像沉没成本一样，都是过去式，虽然有回顾和反思的价值，但在进度检查会议上花太多时间进行列举式汇报，能带来的价值很有限。

进度检查会议的重点应该面向未来，即重点关注要想在剩余的时间内完成剩余的目标，需要优先做什么，可能存在哪些风险，人们需要如何协作应对风险等。此外，通过进度检查也可以得出剩余工作量，进而讨论相关风险。其中，进度检查的副作用往往是人们花大量的时间在细数功劳上，导致会议冗长。

企业用信心指数引导会议的进程，不但可以跳过进度检查会议中价值最低的部分，而且可以进一步提升讨论效率。如果信心指数较高，则说明一切尽在掌控之中，不需要过多关注；如果信心指数较低，则应进行追根，找到问题的根源并讨论可行的措施。因此，将信心指数作为一项指标，来引导 OKR 评审会议的进程，能大大提高开会效率，把讨论的重点聚焦到潜在风险和障碍上。

2. 创造宽松的环境，尽早发现问题

信心指数首先是一个估值，既不必追求精确，也不必追求满分。一般来讲，信心指数只要不低于 7.5，就认为 OKR 能完成的概率比较大，即使存在一定的风险，团队或个人通过努力也能完成。这时候，管理人员不需要积极介入，只需要密切观察。这样做一方面给团队或个人提供了自主行动的空间，另一方面可以避免如果上级追求信心指数保持接近满分的数值，导致人们在制定 OKR 时过于保守，不选择具有挑战性的目标。

此外，企业在跟踪信心指数的时候，不宜过于敏感。例如，制定 OKR 的时候人们给出的信心指数是 8.5，一个月后给出的信心指数是 8.3，这样

的波动并不能明确地指示出现了问题。如果面对这样的小幅度波动，管理人员要求执行者给出合理的解释，执行者的行动就会变得保守、谨慎。执行者也有可能为了避免很多麻烦，特意在汇报信心指数时维持一个固定数值，这使得真正的问题被掩盖、拖延。

OKR 能够得以很好地实践，需要人们保持良好的沟通，沟通哪些事情是重要的、哪些风险发生的可能性在变大、哪些工作已经偏离了 OKR 的方向等。信心指数的变化能够尽早揭示问题的存在，引导人们尽快调查、全面沟通，并制订下一步计划。这个理想结果获得的前提是人们愿意开诚布公地说出自己心目中真实的信心指数。“不追求满分”“不过度敏感”这两项原则能够创造一个相对宽松的环境，让人们不掩盖、拖延问题。这是一种“授权”的管理艺术。

一直以来，“授权”对管理人员来说都是一个很好的“利器”，虽然大家都知道这个利器有用，但很少有人能用好。这是因为授权的范围太广、太模糊。大家对于什么时候该授权、什么时候该干预、如何辨别已经过度管理了等问题缺乏判断标准。而信心指数恰好为应对这些问题提供了一个参考，让“授权”变得有章可循。

四、所有人的信心指数

信心指数应该体现所有人的“声音”。在一个团队里面，对于同一个 OKR，不同的团队成员给出的信心指数可能是不同的。例如，某销售团队的年度 OKR 是“在亚太地区实现销售额增长 100%”。该目标制定三个月后，当团队进行 OKR 季度评审时，管理人员询问大家对完成剩余 OKR 的信心指数，有的团队成员给出 8，有的团队成员给出 6.5，这是一个好现象。因为给出较低信心指数的人可能发现了其他人没有发现的风险；而给出较高信心指数的人可能对未来胸有成竹。不同的人给出的信心指数不同，恰好可以趁机让双方说出自己的观点，让一些隐藏的观点浮现，引发讨论并带来价值。而如果团队成员给出的信心指数普遍较高，那么这并不意味着剩余的工作肯定能完成，也有可能大家有共同的盲点。

在复杂的系统中，经验主义的风险很大，因此企业在做决策之前尽可能收集多方观点是十分有必要的。在简单、确定性高的情况下，往往由经验丰富、资深的人做出决策，其他人只要跟随即可，这样效率很高。OKR 能发挥显著效应的领域都属于复杂的领域，因此企业在使用信心指数时要充分听取不同的声音。为了有效地引导不同意见的表达，企业可以参考敏捷方法中“扑克牌估算法”的思路，具体如下。

（1）分牌：为每个参与者分一组扑克牌，每组扑克牌包含牌面从 1 到 10 的 10 张牌。

（2）评估：会议组织者选择某一个 OKR，询问大家对于完成该 OKR 剩余部分的信心指数，给每个参与者几分钟时间独立思考，在思考过程中不可以互相商讨。

（3）摊牌：所有人同时出牌。每个参与者出的牌代表自己的信心指数。

这个流程保证每个牌面展示的是每个人真实的信心指数。如果所有参与者的信心指数十分相近，那么说明大家对未来工作可能存在的潜在风险认知接近。若所有参与者的信心指数大于 7.5，则无须采取特别的措施；反之则要及时讨论问题所在。

如果不同参与者给出的信心指数差异较大，数值分布范围较广，则可以先请信心指数最高和最低的人分别阐述自己的观点，进而征求其他人的意见，讨论风险和方案。在讨论之后，企业可以重新对该 OKR 进行评估，看看大家的信心指数是否达成一致。

企业采用扑克牌引导信心指数讨论的方法，具有以下优点。

（1）促进团队成员之间深入交流，了解彼此的看法。

（2）避免团队成员不发言的现象，提高团队成员的参与度，提高发现问题的可能性。

（3）参与者可能来自同一团队的不同岗位，通过从不同的视角分析 OKR 的风险，可以使风险的预估更全面、准确。

（4）讨论的过程会使信心指数、潜在风险等更真实、客观，避免过于乐观或者过于悲观。

（5）讨论的过程能加深团队成员对 OKR 的理解。

企业合理地使用信心指数，一方面能提高效率，另一方面能助力尽早出现问题。

小结：

- 信心指数能够引导人们聚焦剩余的工作，提高效率，尽早发现问题，并为授权提供良好的参考。
- 企业在检查 OKR 的信心指数时，要想获得最大收益，应该引导每个成员表达观点，并根据观点的差异判断可能存在的问题，并制定出相应的对策。

3.5 融合现有流程，减少资源占用

当一个组织引入新的管理流程或方法的时候，往往会听到一些抱怨，如“工作本身就很繁忙，还要应对新管理流程带来的会议、数据填写、报表生成等工作，简直就是灾难”。这样的抱怨在组织实践敏捷方法、精益方法、OKR 方法等时会比较多的听到。因为这些方法要求人们在工作方式，甚至思维模式上做出较大的改变。而组织中的大部分人，都在时刻面对繁忙

的基础工作，处于“太忙而顾不上改变”的状态，他们对新方法有所抱怨，甚至有所抵触或消极应对等都是正常的。但这种态度会严重影响 OKR 实施的质量，因此必须有一条军规来削减让人们抵触的因素，那就是：

融合现有流程，减少资源占用。

在 OKR 推广过程中出现的抱怨应该给组织内部 OKR 的倡导者和教练们敲响警钟。组织在引入 OKR 的时候，不能只看到 OKR 可能带来的好处，还应该从现实的角度出发，看到 OKR 实施过程中带来的成本。OKR 引入的过程涉及的成本包括方法的学习、流程的改变、日常的会议、相关数据的维护等带来的成本。这些成本中一小部分是一次性投入，大部分属于持续性投入。此外，业务相关工作的交付日期不会因为大家需要熟悉 OKR 就推迟，客户的要求也不会因为组织要实践 OKR 而暂时降低。组织在引入 OKR 时，潜台词是期待有更多、更快、更好的业务交付，无形之中增加了新的压力。

在时间和人力都有限的情况下，有些东西势必被牺牲。如果上级是“既要、又要、还要”的态度，有些东西就只能暗地里被牺牲。业务目标的牺牲是显而易见且不被允许的，于是工作方法、管理方法中某些不可度量、不会即时显露的东西就成了被牺牲的首选。这既是 OKR 和其他管理方法沦为形式化的主要原因，也是许多组织转型最后不了了之的原因。

因此，为了让 OKR 高质量地实施，管理人员和教练们需要帮助人们减少实施过程中的阻碍，降低实施的成本。组织要将 OKR 的流程与现有流程有机地融合在一起，减少重复性的会议，减少维护 OKR 数据所耗费的时间和精力。由此可见，“融合现有流程，减少资源占用”是 OKR 实施过程中必不可少的一条军规。

组织要想做到在保障 OKR 实施质量的同时，科学地降低 OKR 的实施成本，只需要在 OKR 的跟踪过程中做到以下三点即可：

（1）减少文档的重复；

（2）提高会议效率，精简重复的会议内容；

（3）错峰开会。

下面就以上三点进行详细阐述。

一、减少文档的重复

OKR 的文档数据维护的工作量是相当惊人的。纵观 OKR 的年度周期，组织内的所有人都需要制定 OKR，更新 OKR 的进度，对 OKR 进行阶段性评审和复盘，年终还要汇总 OKR 的数据以供绩效考核流程参考。在这几个过程中，都会产生新的文档或者对已有文档进行数据的维护和更新。每位员工都要同时维护个人 OKR 与团队 OKR，这其中的工作量其实并不少；同时，每位员工日常已经在维护任务级别的文档数据了，OKR 的文档数据维护相当于新增加的额外工作，会进一步挤占员工（尤其是一线员工）的工作时间，因此优化这部分工作势在必行。

减少文档重复，组织可以从两个方面入手：一方面减少文档内容的重复；另一方面减少文档操作的重复。

减少文档内容的重复指的是在组织使用 OKR 之前，目标和关键结果这类信息分散在战略会议、全员大会及其他大会发布的文档、纪要，以及一些项目早期的客户调研、需求分析文档中，另外项目计划、解决方案等文档中也会包含少量信息。在组织使用 OKR 之后，此类文档的内容、形式应该进行调整，在引用 OKR 的基础之上进行丰富和扩展，一方面减少重复性的工作，另一方面增加 OKR 的曝光频率、调用频率，达到 OKR 被“反复看见，频繁使用”的效果。

减少文档操作的重复指的是相同的内容不要让员工反复操作，要选择合适的软件降低输入的烦琐程度；自动调用相关数据，避免重复输入；自动生成报告，避免使用 Word、Excel 或者电子邮件等记录 OKR 相关的内容。因为它们关联任务和 OKR 的时候会不可避免地产生更多重复的内容，数据的更新、版本的维护、报表的生成等都要花费更多的精力，并且阅读起来麻烦。

二、提高会议效率，精简重复的会议内容

组织引入 OKR 也会带来额外的会议，如 OKR 的制定会议、检查会议、复盘会议等，准备和召开这些会议所需要的时间和精力不容忽视。但是，降低召开这些会议的频率，或者将它们简单地与一些现有的计划、进度会议合并，会降低 OKR 实施的质量，组织应该采取科学的方式提高 OKR 相关会议的效率，并且精简重复的会议内容。

组织在考虑优化 OKR 相关会议时，首先需要明确的一点是 OKR 检查的节奏。每周或隔周召开 OKR 相关会议是没有意义的，任务的进度才需要被频繁地检查，但是 OKR 是结果，在完成一系列任务之后，OKR 的进度才会发生变化。因此，OKR 进度检查会议的频率应该低于任务进度检查会议的频率，一些组织采用周例会、隔周例会的形式检查 OKR，占用时间且意义不大，应该进行精简。

1．OKR 制定会议的精简

OKR 制定会议往往会花费很长时间。有的企业在年初制定 OKR 时，反复讨论，花费数个星期多次开会，仍然无法确定下来。这背后的主要原因是没有将 OKR 制定会议和项目计划会议明确区分开。OKR 的制定过程应该聚焦讨论要达成何种结果，项目的计划过程应该聚焦如何达成结果，将二者区分开，OKR 的制定会议所耗费的时间就会大大缩短。如果在讨论 OKR 的时候不可避免地讨论到潜在的风险和障碍，进而讨论到如何达成结

果，那么也应该点到为止，不要掉进细节的“兔子洞”。

2. OKR 检查会议的精简

OKR 检查会议的作用是日常检查 OKR 的进度，如果召开该会议的频率高于一个月一次，则应该适当减少。

如果组织内部经常出现任务完成了但结果不尽如人意，或者需求总是发生变化等情况，则说明 OKR 的不确定性比较高。在这种情况下，OKR 的月度检查会议应该是一个独立的会议，并且要按时举行。组织应通过该会议仔细检查计划、任务是否与 OKR 的方向一致，保证按时完成 OKR。这样做能够尽早发现问题并及时采取行动。

但如果 OKR 的确定性比较高，即任务完成了也能确保 OKR 完成，则 OKR 的月度检查会议可以和项目的月度例会合并。例如，某些团队在月度例会结束后，会花费 10 分钟时间对齐一下 OKR，效果不差也节省了时间。

实际上，OKR 检查会议不需要花费太长时间。对某些确定性较高的 OKR 来讲，甚至可以不举行全员会议，可以由团队领导或者内部指定的成员，定期在 OKR 软件中进行检查。当发现明显的问题，如任务偏离目标、任务的进度可能影响 OKR 的进度时，再召开全员会议进行讨论。

3. OKR 复盘会议的精简

OKR 复盘会议在实践中会让人觉得与敏捷回顾会议的内容高度重复。敏捷回顾会议的目的是复盘工作、协作过程中发现的问题；而 OKR 复盘会议的目的是发现 OKR 使用方面存在的问题。组织在引入 OKR 工作方法之后，短时间内会影响工作、协作过程，从而产生一些问题。此时，如果组织内定期召开回顾会议，在回顾会议上顺便对 OKR 的使用情况进行复盘，就不需要再单独召开 OKR 复盘会议了。随着 OKR 工作方法的使用日臻成熟，可以将 OKR 复盘会议安排为一个季度一次或者半年一次。

在实施上，如果“选择合适的工具，让 OKR 进度透明”这条军规执行得比较到位，人们对本团队、上下级、平级协作伙伴的 OKR 都有良好的理解，同时是基于对 OKR 的共识进行讨论，加上工具提供的视觉化报表，就能够有效地避免因为理解不一致产生一些分歧，从而需要反复解释。这样，OKR 相关会议的效率自然就能大大提高，会议的耗时也会大大缩短。

三、错峰开会

OKR 的年度制定会议一般在年初召开，年初也是其他年度战略会议、计划会议等召开的高峰时期。如果并行的会议太多，那么组织可能压缩 OKR 制定的时间，这在一定程度上会影响 OKR 的质量。考虑到 OKR 是年度工作的指南针，是检测工作是否有效的标尺，组织应该给 OKR 的制定留出足够的时间。组织应该根据自己的实际情况，提前做出安排。有的组织会在本年的第四季度选择合适的时间，制定未来一年的 OKR，有的组织会选择在第四季度制定部分 OKR，在新的一年的第一季度制定剩余的 OKR，这都是不错的实践。

OKR 的季度评审、复盘等会议集中在每个季度末召开，季度末也是其他总结会议、报告会议召开的高峰时期。组织也应该根据实际情况提前做出安排，错峰开会，从而保障所有工作的质量不降低。例如，组织可以在季度末完成 OKR 的数据录入、评审等，在新季度进行上个季度的 OKR 复盘。

当一种优秀的工作方法刚刚引入时，往往会遭遇人们的抵触，听到一些抱怨的声音。工作方法的倡导者或教练不能简单地把这种抵触定性为“拒绝改变”或者“不愿跳出舒适圈”，而是应综合审视组织的环境，评估新的工作方法的好处和成本，找到新的工作方法与现有流程的最佳结合方式，使其实施阻力小、质量高，这样组织才能达到目的。

另外，组织应该认识到，任何一种工作方法都不会立竿见影，需要在半年甚至一年以上的时间里，坚持高质量地实施，才能看到些许效果。组织只有降低人们实施该方法的难度，人们才能坚持得更久，才不会出现“开头三个月热热闹闹，后来忙起来就不了了之”的情况。

最后，企业管理应当追求简单、高效，根据奥卡姆剃刀原则——“如无必要，勿增实体”，如果组织决定引入 OKR，就应该评估 OKR 与当前流程中重复的部分，进行合理的合并和安排。这也是“融合现有流程，减少资源占用”这条军规的深意。

小结：

- 组织在实践 OKR 的过程中，要充分考虑 OKR 实施本身带来的成本，并采取措施尽量降低成本，这样才能获得人们对 OKR 持续、高度的支持。
- 降低成本的方法有三种：减少文档的重复；提高会议效率，精简重复的会议内容；错峰开会。

第 4 章

深入实践 OKR 的 5 条军规

4.1 群策群力地制定 OKR

到此为止，本书已经介绍了 10 条军规。它们描述了 OKR 在制定和跟踪阶段所需要注意的大部分细节，在它们的帮助下，OKR 的实施能获得基本的保障。组织可以从 OKR 实践中获得聚焦目标、提高战略落地的程度、提高组织运营效率等好处。但 OKR 的作用远不止此，它可以持续地推动组织变革，打造能够拥抱变化的组织文化，实现组织赋能。组织要想推进 OKR 的实施进入深水区，需要在 OKR 的实施过程中落实一些新的军规，其中第一条是：

群策群力地制定 OKR。

一、为何“群策群力”对 OKR 如此重要

组织在应对复杂性和不确定性时，除坚持以价值为导向和度量标准之外，还有一个要点是充分发挥和利用群体的智慧，即群策群力。在 OKR 执行的整个过程中，组织都要尽可能做到这一点，这是非常重要的。

举个例子，开发一个成功的移动应用程序，需要兼顾三个方面：

（1）用户的需求；

（2）技术的可实现性；

（3）成本的可行性。

以上三个方面缺一不可。也就是说，如果组织的年度目标是“开发一个成功的移动应用程序”，那么关键结果应该包含能够体现用户体验、技术要求（时间、质量、技术成本）、整体成本控制等要素。当面对这些要素时，组织内没有任何一个职能部门能够全部识别。当系统复杂性和不确定性较高时，如果只靠上级制定 OKR，下级分解 OKR，则很难全面地在 OKR 中体现对所有要素的要求和制衡。如果上级制定的目标要求片面，则可能导

致下级在实践的过程中追求片面。对 OKR 来说，如果上级的关键结果缺失，企业文化又不支持授权或接受下级反馈，则 OKR 的描述片面在所难免。聚焦一个片面的 OKR，能给组织带来的改善是有限的。避免这个问题最好的方式是借助群体的智慧，共同制定尽可能完善的 OKR。

在群策群力地制定 OKR 的过程中，公司级别的 OKR 应该召集所有职能部门的负责人，共同根据战略分解来制定；当公司 OKR 向下分解到各个层级时，需要由各级或各部门领导带头，依据上级 OKR，结合本部门的职责，组织自己的直属下级讨论，群策群力地制定本部门的 OKR，直属下级如果有自己的下级部门，则重复该过程，直至基层一线。

二、引导群策群力的技巧

组织制定 OKR 的重要仪式是“年度 OKR 制定会议”。如果能在该会议中提升全员参与度，甚至采取群策群力的工作坊形式，则会大大提升 OKR 制定的质量。年度 OKR 制定会议的一个通用流程如下。

第一步：管理人员负责介绍上级部门的年度 OKR，并澄清疑问。

管理人员在介绍上级部门的年度 OKR 时，同时要将公司的年度 OKR，以及其向下分解直至上级部门的各级 OKR 都列举出来，从而起到更好地传递目的和意图的作用。

第二步：结合上级部门的年度 OKR，制定本部门的 O。

结合上级部门的年度 OKR 和本部门的职责，与会人员一起讨论本部门应该达成哪些 O。在讨论过程中，大家应尽可能多的列举，力求覆盖全面，在列举完成之后，通过投票将 O 减至 3 ~ 5 个。

在讨论 O 的时候，各部门要遵守“制定‘目标’，而非制定‘任务’”的军规，避免大家陷入任务思维。如果有任务型 O 出现，可以参考本书 2.1 节中提到的“五问法”和“填空法”进行提炼。

第三步：为每个 O 制定关键结果。

各个部门要耐心地为投票选出的 O 逐个制定关键结果。在为一个具体的 O 制定关键结果时，大家可以进行讨论，尽可能多的列举关键结果，力求覆盖全面，在列举完成后，通过投票将关键结果减至 3 ~ 5 个。

各个部门在制定关键结果的时候，要遵守“区分‘任务’和‘关键结果’”这条军规。如果发现存在任务型关键结果，则可抛出引导性问题，如“完成这项任务之后会得到什么结果？”“该结果是否与目标的达成直接相关？”等帮助人们提炼关键结果。

在针对一个 O 的关键结果制定完毕后，各个部门要审视和讨论一下关键结果和 O 之间是否互为充分必要条件，确认若关键结果完成了，O 是否一定能达成。当所有与会者都确认，再重复第一至三步，继续为其他 O 制定关键结果。

人们在刚开始使用 OKR 的时候，往往由于习惯采用任务思维模式，缺乏探索任务背后的价值和意义的能力，因此制定的 OKR 质量较差，花费的时间过长。为了提高效率和引导人们进行高质量思考，在团队 OKR 制定会议上，引导者可以抛出以下强有力的问题引导人们思考：

- 我（们）的职责是什么？
- 根据我们的职责，我们要承担上级 OKR 中的哪些部分？
- 为了完成这部分 OKR，有哪些工作必须完成？
- 为了完成这部分 OKR，我们是否需要提升某些技能，改变某些流程？
- 为了完成这部分 OKR，我们是否需要其他部门给予协作和支持？这些协作和支持要具体达到什么程度（使用 SMART 原则进行规划）？
- 这部分 OKR 在实施过程中有哪些显而易见的风险和阻碍？

为了让制定的 OKR 具有挑战性，引导者可以抛出以下问题：

- 如果要在更短的时间内达成目标，我们需要做哪些事情？

- 如果要把目标提升 10%的难度？我们需要做哪些事情？

通过这些问题可以启发那些在制定会议上习惯于制定任务，对思考目标和关键结果有些茫然的人，挖掘他们想法中有价值的部分，最终实现在较短的时间内制定出高质量、具有挑战性的 OKR。

第四步：向上对齐 OKR。

当本部门所有的 OKR 制定完成后，要向上对齐。所有 KR 的汇总结果应该对上级 OKR 的进度有所贡献，其贡献程度与本部门的职责相符。在确定这一点之后，年度 OKR 制定会议的目标才算达成。

如果在制定 OKR 的时候，公司内各个级别都能遵守“制定‘目标’，而非制定‘任务’”和“区分‘任务’和‘关键结果’”两条军规，那么 OKR 很容易追溯。因为只要将下级的结果累加，就应该确保上级的关键结果全部完成。一旦 OKR 变成任务列表，就很难发现上级目标和下级目标之间发生了偏差，因为人们在假设完成了任务即可达成上级目标，而是否能如人们所愿，只能等到任务完成过半，或者接近完成时才能发现，早期是很难明确识别到的。

总体来说，年度 OKR 制定会议应遵循以下原则。

（1）年度 OKR 制定会议需要遵循的一个总的原则——聚焦识别目标和关键结果，不讨论计划或者任务。人们难免在制定目标的同时思考如何实现目标，以及可能遇到哪些困难，而这类讨论一旦开始，就很容易发散开去，一方面使得会议时间无法控制，另一方面影响人们聚焦在 OKR 上。因此，当有人试图将话题向实现目标的方向引去的时候，会议的引导者应该及时发现，尽早提醒，让人们把任务级别的讨论留到项目计划会议上。

（2）群策群力有助于充分地识别目标和关键结果，保证没有遗漏，但是让人们都参与进来贡献智慧，不是一件容易的事情。当人们已经习惯于接受任务和执行任务时，让其切换到组织价值视角或者客户价值视角是非常困难的。另外，并不是所有的人都愿意进行换位思考，有相当一部分人更希望被清晰地告知该如何做。会议的引导者要善于提出引导性问题，还要引入一些专业的会议引导技巧、工具，以便在年度 OKR 制定会议上提升人们的参与度。会议的引导者如果是上级领导，则会降低人们的参与度，因此可以请来自团队外部的，与团队工作不直接相关的人专职引导会议。

本节介绍的群策群力流程、技巧等，同样适用于 OKR 季度评审会议、复盘会议等。

小结：

- 在复杂系统中制定 OKR 时，由于要考虑的因素多，要靠群策群力，避免盲点的产生。
- OKR 制定会议是 OKR 制定的关键步骤，为了保障在此会议上群策群力的质量，应该安排恰当的会议流程，引入专业的会议引导技巧、工具。

4.2 避免“考核式”的季度评审

OKR 在制定完成后，全年内会通过季度评审会议进行检查和推进。组织召开 OKR 季度评审会议的目的如下：

（1）检查 OKR 的阶段性进展；

（2）检查员工对完成下个季度的 OKR 和年度 OKR 剩余部分的信心指数，评估潜在的风险等；

（3）阶段性地检查任务、计划对 OKR 的推进作用。

OKR 季度评审一般在每个季度末进行，在一个季度之间，为了及时发现问题，往往还设有检查会议，检查会议可以看作非正式的评审。

OKR 的评审、检查时间线如图 4-2-1 所示。

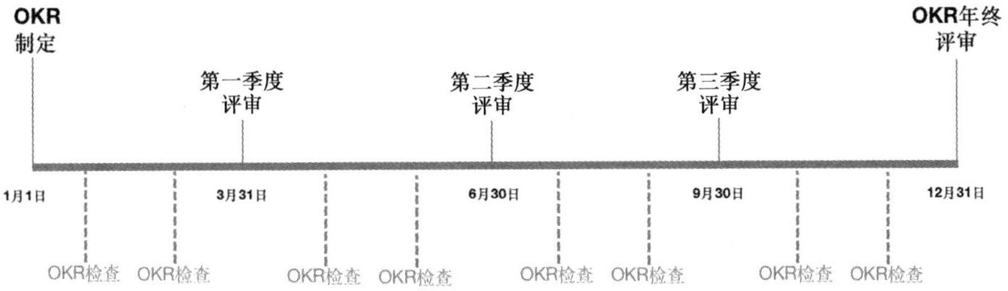

图 4-2-1

与 OKR 季度评审类似的活动是组织内的工作检查和汇报。在使用 OKR 的组织中，有时会将二者混为一谈，但实际上二者存在本质上的区别。常见的季度工作检查往往是考核式的，即上级对结果进行判定，并给出意见，而 OKR 季度评审的意义远超于此。它应该是一个上下级围绕 OKR 的进展，进行双向反馈，复盘过去，重构剩余的工作内容、工作方法的过程。明确地区分二者是深入实践 OKR，推进组织行为转变所必须做的，因此组织应贯彻以下这条军规：

避免“考核式”的季度评审。

一、OKR 季度评审的过程

从参与者的角度来分，OKR 季度评审分为团队级别的 OKR 季度评审和个人级别的 OKR 季度评审。

团队级别的 OKR 季度评审会议由团队全体成员参加，评审对象是团队的季度 OKR 和年度 OKR。会议过程具体如下。

——在评审会议开始前，要完成与季度 OKR 进度相关的数据的收集；

——在评审会议中，领导和团队成员依据已有数据对团队本季度 OKR 的完成情况进行确认，达成共识；如果进度落后，则需讨论原因，收集员工的看法。在评审会议中，还要对员工对完成剩余年度 OKR 的信心指数进行了解，对信心指数反映出的问题进行讨论并形成解决方案。在少数情况下，本季度 OKR 的完成情况会影响下个季度 OKR 和剩余年度 OKR 的完成情况，既可能提前完成，也可能不得不推后完成。当这种情况发生后，要记录原因及团队成员的意见和建议。

——在评审会议结束之后，要将评审会议中发现的问题记录下来，作为 OKR 复盘会议的重要输入。如果本季度 OKR 的完成情况影响了下个季度 OKR 或者剩余年度 OKR 的进度，则要将相关信息及时与上下级进行沟通，启动对剩余 OKR 进行调整的流程。

个人级别的 OKR 季度评审会议由个人和个人的上级领导参加，评审对象是个人的季度 OKR。其会议过程和团队级别的 OKR 季度评审会议基本相同。

在每个季度末，组织都应进行团队级别的 OKR 季度评审和个人级别的 OKR 季度评审。季度评审的作用主要体现在以下三个方面。

（1）检查 OKR 的进度，及时发现一些潜在问题并及时制订解决方案。

（2）重新对齐。团队及其干系人针对 OKR 的当前完成情况，对剩余 OKR 在实施过程中可能遇到的困难和风险达成共识，确认未来的工作重点，提升未来协作的效率。

（3）拥抱变化。根据 OKR 推进过程中涌现的新观点，对剩余 OKR 及完成剩余 OKR 的方法进行适当重构。

OKR 的评审不仅是检查进度，还是打造持续学习、持续改进的企业文化的一个重要步骤。

二、OKR 季度评审的技巧

组织要想有效地发挥 OKR 季度评审的作用，实现高质量评审，需要在操作上注意以下几点。

1. 避免工作汇报式的 OKR 评审

下面是一些组织里中层领导团队开展 OKR 季度评审会议时常采用的汇报格式：

- 团队/小组季度 OKR 完成情况如何，如果进度不理想，解释一下原因；
- 过去遇到了什么困难，是怎样克服的，有何感想；
- 剩余工作面临什么样的困难，计划怎样完成，是否需要帮助。

在下级汇报的同时，上级进行点评和指导。这就是工作汇报式的 OKR 评审。这种会议方式继承自月度总结之类的工作汇报会议。在数字化时代，这是一种非常低效的方式。高效的会议应该聚焦讨论问题，而不是对不是问题的部分不断进行重复。如果很好地实践了“选择合适的工具，让 OKR 进度透明”这条军规，那么组织内应该部署了可以自动生成视觉化、阅读友好的报表的工具，潜在的问题和风险在报表上一目了然。因此，OKR 季度评审会议可以基于报表反映出的情况，直接切入真正需要讨论的问题。

任何组织在实践过程中都可能遇到 OKR 进度不尽如人意的情况，若采用工作汇报式的会议方式就会花费大量时间讨论问题的根源和责任等。这种做法并不是完全错误的，但它有时会模糊讨论的焦点。如果一个团队要在规定的时间内到达某个地点，那么当团队成员中途停下来看地图的时候，优先级最高的不是弄清楚谁应该对走过的冤枉路负责，或者弄清楚为什么会走冤枉路，因为前半程的经验教训可能对后半程帮助不大，二者可能是完全不同的路程。优先级最高的应该是群策群力，弄清楚如何在剩余的时间里走完剩余的路。OKR 聚焦的正是这一点。在 OKR 季度评审会议中，组织可以采用以下汇报格式：

- 关键结果完成了________（或有____%未完成）；
- 团队/小组对完成下个季度工作的信心指数是________；
- 潜在的困难有___________，需要获得的帮助有___________。

这种汇报格式实际上是在用剩余目标拉动会议进程，使会议中讨论的重点放在剩余的工作和潜在的问题上。

2. 减少评审过程中的考核思维

在进行 OKR 评审的时候，许多人潜意识中认为这是一种阶段性的“考核”。领导者以考核的心态来参会，团队成员则以被考核的心态来参会。这时候，OKR 的评审会议很容易变成下级汇报、上级点评的模式，这会给 OKR 的评审会议带来一些负面影响。

首先，“考核”与“被考核”的潜意识会让团队成员更侧重于事无巨细地汇报，这影响了 OKR 评审会议的效率。

其次，考核的过程重在自上而下点评，反馈的空间和意愿往往会被点评压制。如果团队成员以考核的心态参加 OKR 评审会议，那么该会议也会变得以单方面点评为主。在本书前文中提到过，OKR 能够发挥优势的环境是不确定性高的环境。在不确定性高的环境中，需要的是重视反馈，群策群力。高质量的 OKR 评审会议大部分时间要花在倾听反馈，组织群策群力地讨论上，尽量减少点评和汇报的时间。管理风格是命令、控制型的管理人员，很容易把 OKR 评审会议变成下级汇报、上级点评的模式。如果要改善这种情况，则可以在询问信心指数的时候，采用在 3.4 节“跟踪‘信心指数’，尽早识别问题”中提到的“扑克牌估算法”，引导团队成员表达真实的看法。当团队成员认为剩余的 OKR 存在某种风险时，可以使用“五问法”

进行引导。例如，某团队成员对完成“客户满意度提升 15%”的 OKR 给出的信心指数为 6，上级可以使用图 4-2-2 所示的“五问法”进行提问。

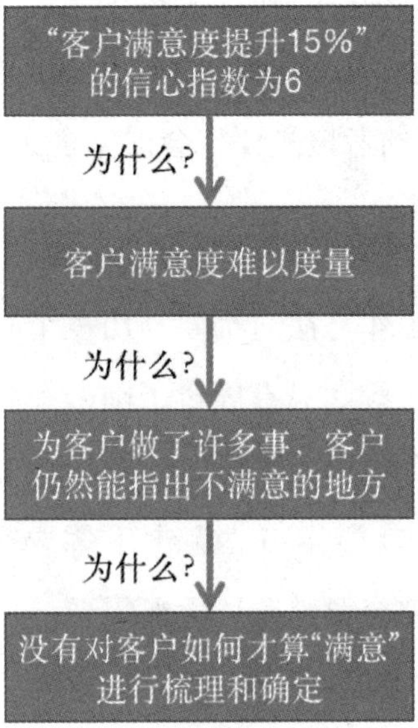
“客户满意度提升15%”
的信心指数为6
为什么?
客户满意度难以度量
为什么?
为客户做了许多事，客户
仍然能指出不满意的地方
为什么?
没有对客户如何才算“满意”
进行梳理和确定

图 4-2-2

“五问法”是对一个问题由浅至深连续追问五次“为什么”，以找到根本原因的提问方法。虽然名为“五问法”，但使用时不限定只能问五次为什么，只要找到根本原因即可，有时可能只需要提问三次，有时可能需要提问十次。 五问法用在这里，可以防止管理人员在了解更多信息、倾听团队反馈之前就给出自己的主观意见。

在个人级别的 OKR 评审会议上，同样要注意引导员工表达，避免变成单方面点评。该会议的目的是及时给予个体反馈，指导个体工作，要注意给个体提供表达意见和建议的机会。如果个人级别的 OKR 评审会议能够每个季度都举行，则在年终绩效考核时，个体对上级的评价更容易接受和认可，进而对关联的绩效奖励政策意见更少、认可度更高。

组织重视个体反馈，引导个体发言能获得以下好处：

（1）使所有成员对剩余目标、潜在风险达成共识；

（2）利用群体的智慧得出相对完善的解决方案；

（3）提升所有成员的参与感和责任感。

这些对改善工作方法、更好地完成剩余 OKR 有直接的促进作用，也是“下级汇报、上级点评”的考核式评审会议完全无法做到的。

3. 把握评审节奏，不降低季度评审的质量

组织在引入大部分工作方法时都要经历三个阶段：边做边学阶段、整合调整阶段、融合提升阶段。只有度过了前两个阶段，组织才算真正掌握了工作方法，到达第三个阶段，实现驾驭方法。

对 OKR 这种“一听就会，一做就错”，需要在细节上反复练习的方法而言，边做边学阶段、整合调整阶段大概需要一年的时间。在这一年的时间里，组织需要注重各种会议的频率和质量。许多组织在引入 OKR 的时候，没有做好 OKR 与现有流程的融合，导致员工由于工作繁忙，对 OKR 的实践过程“偷工减料”。例如，在进行 OKR 评审、复盘时，放弃群策群力的过程，采取上级主导的方式；或者评审和复盘在前一两个季度做得比较好，之后就草草了事；更有甚者在制定完 OKR 后，就将其束之高阁，平时还是按照自己习惯的方法驱动工作。这些做法都延长了边做边学阶段和整合调整阶段所需要的时间，但这两个阶段不可能无限延长，因为如果一个组织在实践某种方法一年内没有获得实质性的好处，组织上下对这种方法的信心和热情就消退了，而且未来很难重启。因此，如果组织不能在实践某方法的第一年集中资源、克服困难，在内部取得局部的成功，获得相当一部分人的认可，那么该组织将大概率与该方法失之交臂了。

虽然避免考核式的评审是一件非常细微的事情，但是从管理方法论的角度来说，过程只能起到大方向的引导作用，真正推动人们行为改变的都在类似的小细节中。要想获得组织文化、人群思维模式的改变，至

少在 OKR 实施的第一年内，要把“避免‘考核式’的季度评审”当成军规铁律。

小结：

- OKR 季度评审的作用包括检查 OKR 的进度，重新对齐，拥抱变化。
- 与组织内常规的进度检查相比，OKR 季度评审更加关注剩余的工作，关注通过双向反馈对剩余的工作进行调整，对工作方法进行改进。

4.3 打造可持续的、深度的 OKR 季度复盘

在 OKR 的跟踪过程中，OKR 的评审及信心指数都是在不同层面对目标进行跟踪和度量，以期尽早发现问题。度量虽然很重要，但组织不应在度量上花费太多的时间和精力，而是应该把更多的时间和精力花费在实施和改善的切实行动上。就像唐纳德·莱因茨森（Donald Reinertsen，《管理设计工厂》一书的作者）所说：“如果靠度量就能解决问题，买个秤就能减肥了。”改善问题需要依赖可持续的、深度的 OKR 季度复盘。因此，接下来的一条军规让人无法忽视：

打造可持续的、深度的 OKR 季度复盘。

在每个季度末，组织除进行 OKR 评审之外，还应该召开 OKR 复盘会议（OKR Retrospective Meeting），其目的有以下几个：

（1）重温 OKR 的操作要点，重新统一对 OKR 方法论、具体操作的认识；

（2）总结 OKR 使用过程中出现的问题；

（3）制订短期的改进计划。

与 OKR 季度评审会议不同，OKR 复盘会议关注的是 OKR 方法的使用。

OKR 季度复盘会议应该以团队为单位举行。团队可以邀请一些项目干系人参加。如果团队日常工作中需要与多个团队协作共同完成 OKR，则可邀请其他团队的代表一起进行 OKR 季度复盘。如果团队在执行过程中发现上下级 OKR 之间有问题，则可邀请上级共同参与 OKR 复盘。

在 OKR 实施的第一年，也就是当组织处于“边做边学”和“整合调整”阶段时，要尽量保持每个季度都召开 OKR 复盘会议，这对加快 OKR 的实施进度，迅速提高组织内整体的 OKR 实践水平大有裨益。随着 OKR 成为组织日常行为和文化的一部分，OKR 的复盘可以改为半年一次、一年一次，甚至可以按需复盘。

一、OKR 复盘会议与敏捷回顾会议的区别

在使用敏捷方法的组织内，也会定期进行复盘。敏捷的 Scrum 框架主张每次迭代结束后进行复盘，对工作方式进行反思和改进，召开的这种会议为敏捷回顾会议。这类组织在引入 OKR 之后，往往不清楚 OKR 复盘会议与敏捷回顾会议的区别。事实上，OKR 复盘会议关注的是结果，而敏捷回顾会议关注的是过程。二者的关注点不同，使用的实践方法不同，具体复盘的内容自然也不同。OKR 复盘会议与敏捷回顾会议具体的区别主要有以下两点。

（1）会议的目的不同。OKR 复盘会议关注的是 OKR 的学习和应用。因为 OKR 是一种“一听就会，一做就错”的方法，所以 OKR 特别依赖“边做边学”，即在实践的过程中发现 OKR 知识的盲区，进行有针对性的学习，再反过来改善 OKR 的实践。而敏捷回顾会议关注的是团队在迭代

目标制定、进度跟踪、交付质量、成员协作等过程管理方面的问题，通过对这些问题的回顾和改进，达到提升团队成员自我管理能力的目的。因此，这两个会议复盘的内容有很大的区别，希望通过复盘达到的目的也有很大的区别。

（2）会议的节奏不同。OKR 复盘会议一般一个季度举行一次，这是因为 OKR 代表的是价值型结果，其进度需要一段时间的推进，并在完成一系列任务之后才会有所变化，在较短的时间（如几周或者一两个月的时间）内，OKR 的进度不太容易反映出诸如 OKR 的制定是否合理、任务是否紧密围绕 OKR 等问题，所以复盘的意义不大。而敏捷回顾会议关注的是在两周到一个月的迭代周期内，员工工作过程中遇到的细节问题，关于这些细节问题的记忆随着时间的推移容易变得不准确，所以需要频繁、及时地复盘。

二、OKR 季度复盘会议的过程

OKR 季度复盘会议主要包括三个部分：

（1）复盘 OKR 的制定；

（2）复盘 OKR 的执行过程；

（3）制订改进计划。

1. 复盘 OKR 的制定

OKR 之所以“一听就会，一做就错”，是因为它并不是采用一种简单的格式，照着制定，再执行就可以了。它本质上是一种思维模式的转变，即思维模式从“完成任务”到“收获价值”的转变。思维模式的转变往往很难一蹴而就，需要经历一些反复，如由于思维定式，员工可能不能很好地区分“任务”和“目标”，区分不出“任务”和“关键结果”。虽然员工学习了什么是 OKR，在制定 OKR 的时候也十分小心，但是本质上还是写成了任务和计划。在 OKR 的实践过程中，人们平日里养成的习惯会阻碍学习的脚步，想改变思维模式，必须反复地复盘制定好的 OKR 是否能准确地描述最终价值。

在复盘 OKR 的时候，会议主持者可以使用下列引导性问题引导人们思考：

- 重新审视年度 OKR 和季度 OKR，大家的看法是怎样的？有比它们更合适的 OKR 吗？如果有，那么制定 OKR 时为何没有发现？
- 对每个 O 而言，KR 完成之后是否就代表 O 也达成了？
- 某些 O 是否在执行过程中产生了新的 KR？

通过对与会者提出以上问题，能够帮助人们发现 OKR 在制定时存在的技巧性问题。如果 OKR 在制定完一段时间后，人们发现它需要做出较大改变，那么说明 OKR 中存在任务，这意味着 OKR 的提炼并不到位。如果某个 O 需要增加多个 KR，则意味着一开始 KR 识别不全，“群策群力地制定 OKR”这条军规的操作细节可能没有执行到位。

2. 复盘 OKR 的执行过程

在季度 OKR 的执行过程中，技术要点主要有三个：一是检测任务的方向和效率，尽早发现问题；二是保证 OKR 检查会议、评审会议的正常节奏；三是 OKR 的流程足够优化，符合“融合现有流程，减少资源占用”这条军规。组织在对 OKR 的执行过程进行复盘时，要看这三个技术要点是否得以充分体现。会议主持者可以使用下列引导性问题引导人们思考：

- 在过去一个季度里，团队/个人多久对齐一次 OKR？
- 在对齐 OKR 的过程中，是否发现有需要调整的任务或计划？
- 任务的进度是否和 KR 的进度高度一致？

- OKR 检查会议耗时、频率是否合适？
- OKR 会议的内容是否与其他会议重复？
- OKR 相关信息的更新是否与其他项目重复？

以上问题能够深度挖掘 OKR 在执行过程中可能出现的问题。如果在对齐 OKR 的过程中，组织没有发现任何需要调整的任务或计划，或者任务的进度在每次检查的时候都与 KR 保持高度一致，则说明 OKR 提炼得不到位，偏任务式，或者工作性质属于确定性高的，使用 OKR 与使用其他方法的区别不是很大。

3．制订改进计划

组织通过复盘 OKR 的制定和执行过程，可以得出一些问题列表。复盘会议的最终环节应该群策群力，讨论改进计划。

在 OKR 的复盘过程中，与 OKR 会议的耗时、频率相关的问题，比较容易组织参与者讨论，常见的改进计划可能包含提高/降低 OKR 检查会议的频率，合并 OKR 相关会议与现有某些会议中重复的部分等。这类计划调整难度小，比较容易获得员工支持。

但是，如果发现最终制定的 OKR 有问题（如发现 OKR 实际上是任务列表，而非描述价值），则是否要对其进行修改的争议很大。

某基金公司希望通过增加微信和支付宝小程序来吸引更多的客户，以下是其制定的一个 OKR。

O：推出 iOS 和安卓系统的 App；

KR1：第一季度上线微信小程序；

KR2：第二季度上线支付宝小程序；

KR3：小程序运行稳定、流畅，实现零质量投诉。

该 OKR 分解后，其内部研发团队第一季度其中一个 OKR 如下。

O：上线微信小程序；

KR1：2 月 20 日前完成微信小程序内测；

KR2：2 月 28 日前完成微信小程序发布；

KR3：3 月 15 日前完成小范围客户测试和反馈；

KR4：3 月 20 日前完成大范围发布。

以上两个 OKR 是典型的任务型 OKR，都在描述“做什么”，没有描述“为什么”。有时候，人们会高估自己对知识的理解能力和自己的动手能力，低估惯性思维和惯性行为的力量。在制定 OKR 的时候，将其制成任务列表是一件常见的事。这种做法不太容易意识到，团队或个人往往对自己制定的 OKR 信心十足。但经过一段时间，尤其是有了阶段性产出物，并从第三方听到一些反馈，或者从使用者那里得到一些反馈后，就会对之前制定的 OKR 有了颠覆性的认识。OKR 季度复盘会议恰好可以在这时候召开，组织应该加以充分利用，进行反思和改进。

在上述案例中，当团队进行季度 OKR 复盘的时候，有人提出微信小程序虽然已经上线，但是从统计数据来看，使用者很少，似乎没有什么价值。团队通过讨论，意识到该季度 OKR 和其对应的年度 OKR 并没有描述真正要达到的目的，正确的 OKR 应该如下所示。

O：通过拓展新的客户注册渠道实现 10%的客户增加；

KR1：通过微信小程序、支付宝小程序增加 2%的客户；

KR2：至少新增 2 条线上推广渠道，增加 3%的客户；

KR3：至少新增 3 条线下推广渠道，增加 5%的客户。

改进之后的 OKR 看起来更合理，但是问题也接踵而至：

- 如何与上级进行沟通，修改年度 OKR 和剩余几个季度的 OKR？上级会支持吗？
- 改造之后的 KR1，显然扩大了范围。这不仅是制作小程序的事情，还会涉及销售团队甚至其他支持团队。这会影响其他团队的 OKR，他们会支持吗？谁去与这些团队协调？

- 如果团队继续按照改造之前的 OKR 执行，显然更简单，况且上级已经审核过了团队的年度 OKR 和季度 OKR，所以是否可以将错就错呢？

以上就是当复盘会议发现 OKR 的制定本身存在问题的时候会发生的事情。

实践是检验方法、掌握程度的镜子。通过复盘会议，如果发现 OKR 的制定本身存在问题，那么一方面反映出组织内部人员对 OKR 的概念理解不充分，另一方面反映出组织战略没能很好地落地，执行者交付的结果与战略目标有差距。此时，如果组织及时修改和调整 OKR，不仅可以加速组织内部对于 OKR 的学习和掌握，还可以重新对齐战略目标。然而，具体到工作场景中，人们在调整 OKR 时往往会面临重新组织协调、承认错误、舍弃一部分沉没成本等困难的决策。

但如果因为畏惧困难，而放弃修改有问题的 OKR，组织就很难向员工传递以价值为导向的观念。员工会认为不以价值为导向也是可以的，只要有足够充分的理由。如果 OKR 没有指向正确的方向，又因为害怕眼前的麻烦而选择逃避，那么只会在未来导致更多的浪费。

若不具备及时调整 OKR 所需的勇气，就要承担未来由于方向错误导致的工作浪费。OKR 复盘能做到的是提供一面镜子，准确地反映出企业在制定和执行 OKR 过程中存在的根本性问题。但组织是否能克服这些问题，取决于组织自己面对这些问题时的选择，而方法论在这方面的助力是次要的。

以上就是 OKR 复盘会议的三个阶段。在 OKR 实施初期，组织遇到的问题相对较多，OKR 复盘会议往往会占用一两个小时，甚至更长的时间，长长的问题列表也让人感到压力十分大。这些会降低人们改进 OKR 的行动力，潜意识里反感下一次复盘。组织要想保证人们对复盘 OKR 的积极性，就需要制订一份高效率的会议引导计划。该计划能够控制会议时间，在会议过程中提升所有成员的参与度，并且可以在有限的时间内导出团队能力、时间支持的执行计划。表 4-3-1 所示为一份会议引导方案。

表 4-3-1

<table>
<tr><th colspan="3">会前准备</th></tr>
<tr><td colspan="3">• 当前季度 OKR 的执行情况；
• 下个季度的 OKR 和年度 OKR；
• 记事贴、笔、白板、投票贴纸</td></tr>
<tr><th colspan="3">会议过程</th></tr>
<tr><th>阶段</th><th>建议时长</th><th>建议引导方法</th></tr>
<tr><td>1. 复盘 OKR 的制定</td><td>20 分钟</td><td>• 引导者抛出前文所列关键问题；
• 参与者独立、冷静复盘，在记事贴上写下自己发现的问题；
• 所有参与者将写有答案的记事贴贴到白板上，轮流分享自己的观点，其他参与者注意聆听和提问</td></tr>
<tr><td>2. 复盘 OKR 的执行过程</td><td>20 分钟</td><td>• 引导者抛出前文所列关键问题；
• 参与者独立、冷静复盘，在记事贴上写下自己发现的问题；
• 所有参与者将写有答案的记事贴贴到白板上，轮流分享自己的观点，其他参与者注意聆听和提问</td></tr>
<tr><td>3. 投票</td><td>10 分钟</td><td>• 引导者给每位参与者分发投票贴纸，并告知投票规则；
• 每位参与者对白板上列出的所有问题进行投票，从团队能力、问题难度、问题危害等角度度量，将投票贴纸贴到相应的问题上；
• 在投票结束后，引导者统计问题得票，并在白板上圈出得票最高的问题</td></tr>
</table>

续表

会议过程		
阶段	建议时长	建议引导方法
4．制订执行计划	30 分钟	• 围绕投票选出的亟待解决的问题进行头脑风暴，参与者独立、冷静思考解决方案，在记事贴上写下自己的关键思路； • 所有参与者将写有答案的记事贴贴到白板上，轮流分享自己的观点，其他参与者注意聆听和提问； • 每位参与者对白板上的解决方案进行投票，选出下一步可执行的方案； • 针对可执行的方案讨论任务细节，并进行责任分配
会议结束		
• 与干系人分享会议纪要； • 对需要上级协调的部分及时汇报； • 其他		

OKR 复盘会议常见的难点有两个：一个是参与者发言的积极性；另一个是时间的控制。在表 4-3-1 的引导流程中，反复提到先独立、冷静思考，再在记事贴上写下，然后轮流发言的过程，其目的是迫使每个人都进行思考和发言，推动所有人参与。控制时间的秘诀是在轮流发言的时候，每个人的发言时间不得超过 3 分钟；还有不要试图一次性讨论完所有的问题，首先要快速筛选出最重要的问题，然后针对最重要的问题讨论解决方案；同时不要试图制订出完美的改进计划，或者希望一次性改进到位，要在团队力所能及的范围内做出最大限度的改进。

OKR 的季度复盘不仅可以帮助人们更好地掌握 OKR 知识，及时发现错误的 OKR 并进行调整，还能总结出先进的经验，组织内应该设立机制，让这些经验在内部流动起来，帮助组织更快、更深入地掌握 OKR 的最佳实践。

小结：

- OKR 的复盘重点在于复盘 OKR 方法的使用问题，帮助组织内部尽快掌握 OKR。
- OKR 复盘会议主要复盘 OKR 的制定、执行过程，并制订出改进计划。

4.4 持续改进，用 OKR 打造学习型组织

在 VUCA 时代，商业模式和生产方式的迭代速度前所未有，这迫使所有的组织必须紧跟时代的步伐迅速学习和成长，否则就会面临被淘汰的危机。组织使用的管理方法、协作方法等，都应该具备能够帮助组织迅速进化和成长的特征。OKR 就是具备这种特征的方法，它在自己的框架内提供了一些支持，但是需要组织在实践的时候切实遵循，才能走上转型为学习型组织之路，这就是：

持续改进，用 OKR 打造学习型组织。

一、用 OKR 打造学习型组织之“术”

1. OKR 与 PDCA 循环

PDCA 循环是美国质量管理专家休哈特博士首先提出的，后来由戴明采纳、宣传，获得普及，所以又称戴明环。PDCA 循环的含义是将质量管理分为四个阶段，即计划（Plan）、执行（Do）、检查（Check）、改进（Act），循环推进，具体如图 4-4-1 所示。

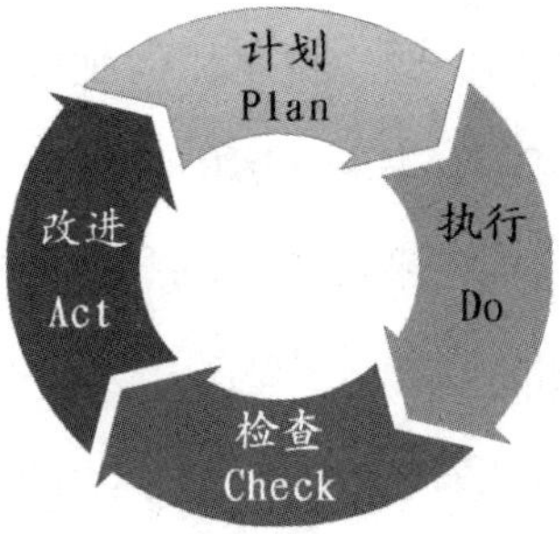

图 4-4-1

PDCA 循环简单、易推广，可以有效地组织员工进行经验的总结和改进。在 VUCA 时代，组织持续进化的需求大大增加，许多管理框架都嵌入了 PDCA 循环。精益方法中提出了 PDCA 循环的 8 个步骤，敏捷方法的“迭代”本质上也是 PDCA 循环的演绎。在 OKR 中，也借鉴了这个小而美的框架。

OKR 中包含两个 PDCA 循环：一个是以季度为单位的 PDCA 循环；另一个是以年度为单位的 PDCA 循环。

以季度为单位的 PDCA 循环如图 4-4-2 所示。

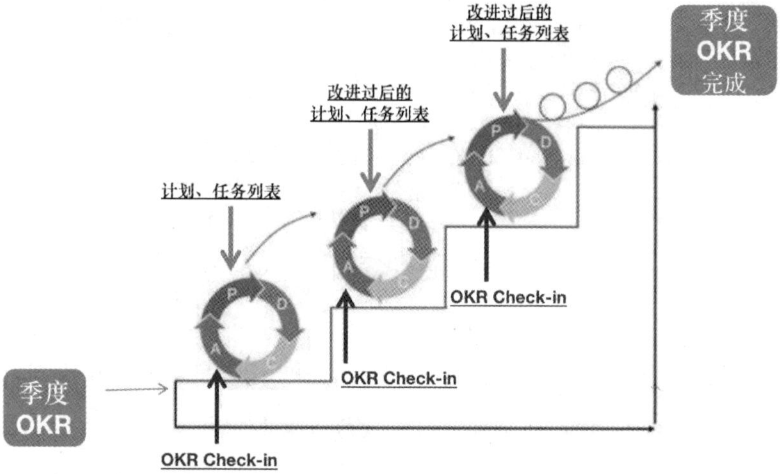

图 4-4-2

在季度之初，组织要为实现季度 OKR 而制订“计划”（Plan），执行 OKR 的过程可以看作“执行”（Do），月度 OKR 的检查可以看作“检查”（Check）和改进（Act），通过对齐 OKR 来检查计划和任务中存在的问题，并制订调整方案，然后开始新一轮的 PDCA 循环。一般一个季度内会进行 2 ~ 3 次 OKR 检查，也就意味着季度 OKR 在 2 ~ 3 次 PDCA 循环的驱动下完成。

以年度为单位的 PDCA 循环如图 4-4-3 所示。

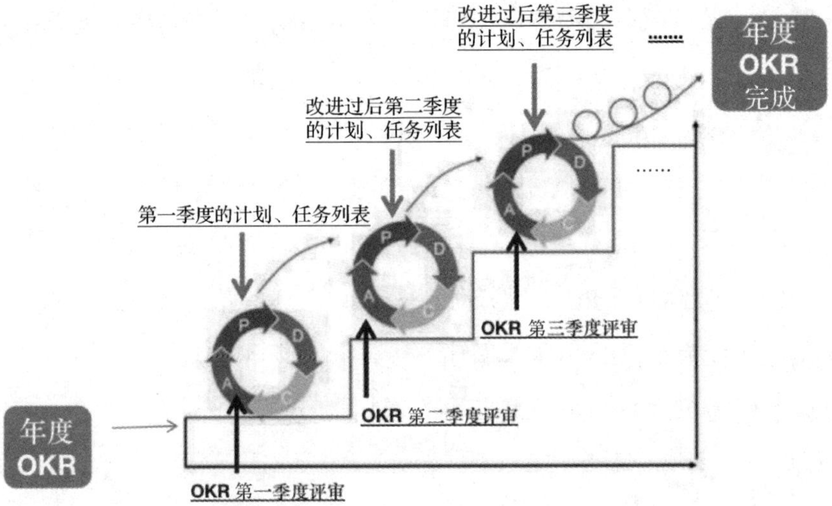

图 4-4-3

季度末尾的 OKR 评审会议是“检查”（Check）环节，而季度末尾的 OKR 复盘会议是“改进”（Act）环节，评审和复盘改进了下个季度的计划、任务列表，使其更加优化，开始新季度的 PDCA 循环，直到年末所有 OKR 完成。

通过分析可以看出，OKR 的跟踪过程就是由短期 PDCA 循环（每季度 2 ~ 3 次）和长期 PDCA 循环（每年 4 次）来驱动实现的一个不断改进的过程。组织在跟踪 OKR 的过程中，无形之中也遵循了改进的流程，但遵循流程并不意味着能获得良好的改进效果。组织要想获得切实的改进效果，还需要注意以下方面。

（1）OKR跟踪过程中PDCA循环的关键驱动点在OKR检查和OKR季度评审、季度复盘，组织要保证这几项活动持续、高质量地举行。具体做法在本书3.5节“融合现有流程，减少资源占用”和4.3节“打造可持续的、深度的OKR季度复盘”中有重点提及。

（2）确保“检查”（Check）和“改进”（Act）的结果能够落地。如果发现了问题并制订了改进计划，但是由于某些原因并没有得到很好地执行，那么自然也无法取得良好的效果。有的组织由内部志愿者来跟踪改进方案的实施情况，以及评估改进结果，这是一种很有效的实践。

2. 用OKR做准确的度量

无论是改进还是学习，都是动词，描述的都是某种行动的过程，并非结果。既然是行动过程，就不得不考虑两个因素，即方向和效率。如果改进的方向错误，则意味着行动是无效的。无效的行动不仅是无效而已，在行动过程中投入的资源和时间会变成沉没成本，给组织带来的是实际的损失。如果有改进，但是效率低下，也可能是致命的。组织的改进不同于小孩子的进步，只要和过去相比进步了，哪怕是一小步，也值得喝彩。组织身处复杂的商业环境中，在跟无数个在持续改进的组织赛跑，时间、效率、成本，每一样都很重要。

因此，组织的改进要准确、快速，OKR比其他方法能更好地促进这一点的实现，其原因主要体现在度量标准的选择上。

有的组织选择度量生产效率（单位时间内的生产数量）或者生产周期（完成一类工作所需要的时间）；有的组织使用敏捷方法、项目管理方法跟踪待办事项或者任务的进度。度量这类指标，基于指标反映出的问题进行改进，是一种局部有效、整体低效的做法。因为改进这类指标可能造成局部上的交付速度提高、质量提高，但面对如下两个问题，这些度量都无法给出肯定的答案。

- 如果按时保质交付所有工作，那么是否意味着肯定能收获期待的价值？
- 如果交付过程效率提高，那么是否意味着一定能获得更多的价值？

事实上，只有在需求确定性高、技术复杂性低的情况下，完成任务才约等于收获价值。在变化大、复杂性高的情况下，制订好的计划和任务可能遭遇更大的挑战。在复杂性高的背景下，如果改进的重点聚焦在提高生产效率、质量上，但是方向错误，那么结果可能是高效地生产了很多最后被发现没有什么价值的东西。

此外，还有一些组织度量敏捷成熟度、DevOps 成熟度及数字化程度等指标，并且号称要打造高效能组织或者数字化组织。但这类度量指标面对如下两个问题，都无法给出肯定的答案。

- 如果某种方法落地了，是否意味着肯定能收获期待的价值？
- 如果持续推进某种方法的应用，是否意味着一定能获得更多的价值？

许多组织在内部推行某些方法之后，便开始度量一些类似于成熟度的指标，以推进方法的落地。这类指标的度量要想有效，需要一个前提，那就是推行的方法能帮助组织获取价值。然而，这个假设是不完全成立的。在通过度量成熟度推进方法的实施时，人们忽略了一些问题，如果该方法并不是组织达成目标的最有效路径怎么办？我们怎样尽早知道这一点？如果组织投入了大量的资源在改进某种方法上，但是方法本身并不是最适合的，那么最终结果仍然是投入和回报不成正比。因此，这类度量指标同样是局部的、低效的。

改进是否准确、快速，是需要经过市场检验的。如果组织选择了局部的、低效的指标而不自知，虽然也在持续地改进，指标本身有所好转，但是市场优势未必就提升了。如果组织不能在相对短的时间内有效地提升市场竞争力，那么不仅可能造成资源浪费，在 VUCA 时代还可能使组织错失机会。

谈了这么多常见的错误度量指标，那到底什么才是有效的度量指标呢？答案其实非常简单，那就是“价值”。因为无论过程中组织采用什么方法，如何进行改进，其最终目的就是要获取某些价值。那为何不直接度量价值的完成程度呢？拿一个人减肥来举例，与其度量其运动打卡了多少天，少摄入了多少卡路里热量，不如直接度量能描述期待达到的身材的指标，如腰围、臀围、体脂率是多少。

一般来说，度量过程中的细节只能进行局部改进，而过程本身的设计如果出现问题，只能等到持续无法获取价值时才会引起人们的反思；而以价值的进度为度量标准，能扩大人们反思问题的范围，无论是进度问题，还是方法问题，都能尽早通过价值的进度反映出来。如果组织内部推进某种工作方法，或者推进某项变革超过半年时间，对 OKR 的进展没有体现出明显的加速作用，则说明该项决策有问题——可能方法存在问题，也可能推进的方式存在问题。OKR 的进度若能揭示问题的存在，组织就可以及时停下来深挖问题，启动 PDCA 循环。但如果只度量该方法的成熟度相关指标，则可能当组织内出现较大的问题，引起足够的痛感时，才能引起人们的深度反思。

在复杂的、变化多端的环境中，将 OKR 作为度量手段，能够帮助组织在更大范围内尽早发现问题，从而做出准确、高效的改进。而在实际操作中，组织要严格遵守“制定‘目标’，而非制定‘任务’”和“区分‘任务’和‘关键结果’”两条军规，这样才能使 OKR 区别于过程指标。

二、用 OKR 打造学习型组织之“道”

“学习型组织”是 VUCA 时代十分常听到的组织类型，但这里的“学习型”不是简单地指定期学习或定期进行培训。一个合格的学习型组织要能够做到以下两点。

（1）定期做出可见的改进。组织能够根据自身的发展需要制定学习、实践策略，并取得改进成果。

（2）迅速将经验转化为新的成果。组织能够随时将日常工作中积累的经验和教训，短时间内进行迭代式改进，并取得改进成果。

打造学习型组织的重点不是在于学习的意愿和行动的过程，而是在于产生可见的成果，如生产成本下降、客户吸引力提升等。有的组织每年都举办大量培训活动，有的组织还会定期召开回顾改进会议，但放大到半年或者一年的维度，组织所获得的结果并没有发生什么可见的变化。这类组织即使学习、改进的仪式搞得十分盛大，也只能获得心理上的安慰，市场不会因此“善待”这类组织。这与 OKR 的理念异曲同工—— OKR 不在乎制订计划时投入了多大的精力，任务列表如何详尽，如果最终没有收获价值，就只能算失败。

OKR 是一面镜子，能够照出哪些行动是卓有成效的，哪些行动只获得了自我感动。但是，组织知道哪里出了问题，是否就一定能改正呢？

当组织制定 OKR 的时候反复提炼不出合适的价值和关键结果，很有可能是组织战略不清或者组织战略传递不清等导致的。此时，组织是选择暂停 OKR 的制定，深究问题的根源，还是选择按照 OKR 的格式把以前的任务、计划套过来？反正以前都是选择偷懒……

若组织在评审的过程中发现 OKR 制定得不合理，则很可能是由于 OKR 的知识掌握得不牢固，也可能是环境因素发生了变化。此时，组织是选择停下来弄清楚问题，重新修订 OKR 呢，还是怕更改 OKR 牵扯的人员太多、流程太麻烦，而选择视而不见呢？

若组织在评审的过程中发现采用当前熟悉的工作方法和流程，无法在规定时间内完成 OKR，是选择适当降低 OKR 的难度呢，还是选择放弃老路子，重新寻找新路子呢？

组织引入一种新的工作方法（如 OKR），只是“学习”，而做对上面这些选择题，才意味着“学到”。学习型组织是指能持续“学到”的组织，而不是持续“学习”的组织。组织要想从“学习”迈向“学到”，只靠方法是不够的，真正靠的是勇气、开放、坚持等，这些才是组织在实践 OKR 时需要修炼的“道”。

如果做不到“持续改进，用 OKR 打造学习型组织”，那么 OKR 能给组织带来的价值就停留在表面，很有限；但如果这条军规能被坚持执行，则能成为引发组织深层变革的导火索，给组织带来巨大的价值。

小结：

- OKR 框架中包含 PDCA 循环之类的改进方法论，使它除帮助组织聚焦价值之外，还能在实现价值的过程中帮助组织建立持续改进的机制。
- OKR 比其他指标更加有效。因为它描述的是价值本身，可以作为准确的进度标尺。它还像一面镜子，能尽早反映出实践过程中的问题。
- OKR 的作用在于更准确、更早地反映问题，是否能改正，还要看组织的行动力。

4.5 适度地容忍错误和失败

任何行动都有犯错或失败的风险，实施 OKR 的过程也是如此。在 OKR 的跟踪过程中，可能会发现许多错误，除错误本身可能带来一系列后果之外，对待错误的态度也会导致不同的结果。组织如果对一些错误宽容以待、适度容忍，反而利大于弊。在一些情况下，如果过度追求改正错误，非但不会带来好处，还会成为组织转型的绊脚石。这就是接下来要谈的一条军规：

适度地容忍错误和失败。

一、哪些类型的错误和失败需要放宽标准对待

OKR 的生命周期中发生频率比较高的错误或失败有以下两种。

（1）OKR 制定时就存在某些错误，导致跟踪的过程中产生了一系列后果。

组织在引入 OKR 初期，由于自身经验不足，经常出现 OKR 提炼不到位、关键结果识别错误或识别不全等问题，导致 OKR 在执行过程中起到了错误的指导作用。这种错误往往在执行一段时间之后才会被发现。

举个例子，以下是某客户拓展团队年初制定的一个 OKR。

O：通过拓展新客户注册渠道实现 10%的客户增加；

KR1：通过微信小程序、支付宝小程序增加 5%的客户；

KR2：至少新增 2 条线上推广渠道，增加 3%的客户；

KR3：至少新增 3 条线下推广渠道，增加 2%的客户；

团队在制定 OKR 的时候反复对其进行过论证，认为没有问题。但推行两个月之后，微信小程序、支付宝小程序上线，客户增加非常缓慢，几乎可以预见无法通过这个渠道增加 5%的客户，甚至连 1%的客户增长目标都无法达成。由于预估的情形和实际情形差别巨大，该团队面临失败的风险。

在复杂性高、不确定性高的情况下，一个典型的特征就是事实与想象差别巨大。人们认为胜券在握的事情，在执行一段时间后，尤其是有了阶段性产出物，并通过产出物获得一些第三方视角的反馈后，就会对之前的想法产生颠覆性的认识。这个时候，就需要团队及时承认错误，放弃与小

程序相关的 KR，承担沉没成本，群策群力地讨论新增其他 KR，或者调整剩余 KR 的数量，然后迅速投入下一轮实践中。

人们能够积极地想办法并迅速投入下一轮实践中去，是因为没有人问他们如下问题：

- 在制定 OKR 的时候为什么没有考虑周全？
- 谁对开发小程序的浪费负责？
- 怎样保证下次制定的 OKR 不会出现同类的错误？

人们对待错误的方式往往第一步是追责，具体到责任人，第二步是追究具体原因，承诺不再犯同样的错误。尤其是在已经耗费了一定的成本的情况下，追责和尽量避免犯同样的错误几乎是管理人员的第一反应。在确定性高的情况下，这样做没什么问题，但是在不确定性高的情况下，追责特别容易给人们带来心理负担，从而影响投入下一轮实践的积极性和速度。组织若要求人们避免将来犯同样的错误，则会使人们在制定新的 OKR 时犹豫不决，不敢尝试任何具有不确定性的东西，或者干脆等待管理人员决定如何调整 OKR，因为只要不参与决策，即使将来再错了也不必为错误的决策负责。

管理层适度地容忍错误，不那么急着追责，将已完成的工作放到一边，引导大家聚焦未完成的工作，是一种正确的做法。即使最终仍然没有完成全部的 OKR，但是这种做法取得的结果一般会优于使用追责式的管理方法。

然而，不立刻进行追责，并要求接下来完全避免犯错，不意味着不追责或者不复盘。而是说，既然损失已经造成了，当务之急是不要打击人们的信心，使其保持行动力，先把剩余的工作完成或者把损失减到最小。等大局已定，再进行合理的追责和复盘。

在一定范围内容忍失败，也能促使人们不怕承认失败，尽早做出调整。

对追责的惧怕、反感会使人们刻意掩盖、忽略或推迟解决问题，给将来带来更大的麻烦。有的组织就是因为对失败的容忍度很低，导致没人敢主动地、尽早地提出问题，直到问题积累到无法忽视的那一天才有人出面解决，结果错失了最佳时机，最终组织可能因此走向衰落。

（2）季度 OKR 或年度 OKR 没有完成。

OKR 没有完成也是组织中一种常见的情况。在前文中已经详细阐述了 OKR 只有在不确定性高的情况下才能充分发挥其特长。那么，在不确定性高的情况下，即使是聚焦了价值的 OKR，也可能由于各种原因导致 OKR 没能完成。

“不确定”就意味着一次性获得成功是靠运气，多次尝试后获得成功才是常态。如果组织行动保守，惧怕失败，显然是无法接受反复失败、反复尝试的。因此，组织如果想应对复杂的环境，重要的财富是内部成员不畏失败的品质和自信心。如果组织要求制定了 OKR 就必须实现，对失败的接受度很低，那么导致的结果就是人们在制定 OKR 时，会选择那些在能力范围之内的、确定性比较高的 OKR。实际上，OKR 从起草到敲定的过程，有些类似于多方谈判的过程，最终的版本一定不是上级要什么就做到什么，而是平衡了客户的要求、组织的战略、上级的期待、团队的能力和意愿等多种因素。因此，团队对 OKR 还是有相当大的话语权的。如果 OKR 的失败是不被允许的，则团队倾向于谈判的时候追求确定性高，而不是对团队以外的各方具有高回报性。但是在 VUCA 时代，确定性高的东西能带来的价值往往很低，大多数高价值、高回报性的东西都充满着不确定性。如果对待 OKR 失败的态度过于苛刻，那么最终遭受损失的还是组织。

有时为了激励团队，在制定团队或个人 OKR 时，会在正常能力的基础上增加一些挑战性。如果团队或个人能力范围之内的 OKR 完成了，但是具有挑战性的部分没有完成，更无须追责，只要鼓励其再次尝试即可。因为组织若对未完成具有挑战性的工作的人员进行追责，传递出的信息就是挑战必须完成，则下次人们在制定目标时，自然会放低挑战的标准。他们可能本来可以尝试挑战 50%的增长，为了避免完不成挑战带来的麻烦，干脆选择挑战 10%的增长。组织对挑战失败的态度过于苛刻，不但无助于推动人们继续挑战，而且可能让“制定有挑战性的目标”变成一句空话。

管理的目标是有效地组织人群实现目标，既然涉及“人”，那管理就不是简单的对或错，而是一门艺术，带领人们完成 OKR 的过程更是如此。如果人们在 OKR 制定、执行过程中犯的错误没有被宽容对待，人们就会选择更保守、更安全的做法。其中，最安全的做法莫过于上级说什么，下级就做什么。于是，人们的参与度大大降低，积极性、主动性也大大降低，难以调动他们进行有效的讨论，上级不得不对所有事情进行决策，并自行承担决策失败的风险。这样，OKR 实质上就变成 KPI 了。

许多组织都受困于难以激发员工活力，“如何激活员工”一类的课程一直是培训市场上的热点。但如果组织要想真正解决激发员工活力的问题，关注点不应该在激活员工的方法上，而是应该在如何建立起容忍失败的文化上。不能容忍失败，什么样的方法都只能起临时作用；不能容忍失败，OKR 的效果就会大打折扣。这就是为什么“适度地容忍错误和失败”应该被当作一条军规来执行。

二、什么是“适度”地容忍

“适度地容忍错误和失败”是一件听起来简单，做起来有难度的事情。因为“适度”是一个非常模糊的词，而且各个组织的发展阶段不同，面临的具体情况也不一样，容忍什么样的错误才利大于弊，并没有统一的标准。但在一般情况下，以下三个原则可以在做具体决策时参考。

（1）尚在团队的控制范围内，或者稍稍超出团队控制范围，但是在团队的努力和管理人员的协调下还能够弥补的错误，可以适当容忍。

（2）在满足上一个原则的前提下，结合本书 1.3 节所讨论的“OKR 的适用范围”，当组织所处环境不确定性高时，提高对错误的容忍度，一般利大于弊。随着组织环境的不确定性降低，对错误的容忍度可逐渐降低。

（3）管理人员在考虑什么是“适度”的错误时，应该勇于承担责任，充当团队的盾牌，扩大“适度”的范围，而不是充当团队的监工。

错误和失败并不可怕，而且错误和失败无法避免。如果组织以正确的态度对待它们，反而会带来更大的收获。这个正确的态度就是——“适度地容忍错误和失败”。

小结：

- “适度地容忍错误和失败”能促使人们在 OKR 实践过程中敢于挑战，敢于尽早提出问题，不会将拥抱变化视为负担。
- 适度的挑战难在“度”的把握。管理人员在考虑“适度”的时候，应该参考相关原则，并勇于承担责任，为团队扩大试错空间。

第 5 章

激励员工的 5 条军规

5.1 用“内在驱动力”取代“物质奖励”

本书第 4 章“深入实践 OKR 的 5 条军规”，通过一些流程细节上的规范，将 OKR 的实践从目标管理的层面推向组织赋能的层面。然而，要推动组织赋能的真正实现，选择一个能辅助变革的流程只是成功的一半，另一半是执行流程的人要能够被吸引、被激励，愿意投入，斗志昂扬。一般的管理方法和工具，对人的激励机制往往设计得不够，还需要依赖其他手段。OKR 的内部自带激励机制，只要组织善于利用这些机制，就能获得良好的组织赋能效果。在这些机制里面，第一条就是：

用“内在驱动力”取代“物质奖励”。

组织要想解决“内在驱动力”问题，首先要了解一件事，那就是在工作中，人的内在驱动力来源于哪里？

一、内在驱动力的来源

有些人简单地将内在驱动力与薪水、晋升、地位等联系在一起，然而在现实生活中，在那些身在大厂、有资历、工资也不低的人群里，随处可见对工作、公司、上级充满抱怨的人，也有大把混日子、得过且过的人。这类人只能保证完成基本工作，与积极、主动、责任感、进取心这些表现出被激励状态的特质相差甚远。可见，激励人的因素另有其他。事实上，对于到底什么会激发人们的内在驱动力这个问题，赫兹伯格在 20 世纪 50 年代就给出了答案，他提出了著名的“双因素激励理论”。

他认为工作环境中存在两种因素会对人们的积极性起作用，它们分别是：

（1）保健因素，包括职业安全感、薪水、身份、工作条件、公司政策、附加好处等；

（2）激励因素，包括具有挑战性的工作、成就感、个人的发展、同事的认可、更多职责等。

双因素激励理论认为，若保健因素不满足，则会对人们起到负面的激励作用；而在保健因素能够基本满足的情况下，再进一步补充保健因素，充其量不过是让人们以平常心对待工作，不能起到激励效果。通俗地说，保健因素只能短时间起作用，时间一长人们就习以为常了，认为所有的都是自己应得的，不会持续受到激励。但如果突然取消一部分福利，则会起到巨大的反作用。例如，某公司有舒适的办公环境，并且免费提供下午茶。突然有一天，该公司宣布因为公司业绩不好取消下午茶，这时候，员工并不会居安思危，努力工作，提高业绩，将下午茶赢回来，反而会心生不满。如果给一个员工升职或加薪，那么对这个员工激励效果最好的一段时间是从宣布决策那一刻起，到实际执行后的 1 ~ 2 个月内。这段时间内该员工的工作积极性明显高于日常水平，但两个月之后，该员工的工作积极性就会逐渐回落到日常水平。因此，如果组织希望持续激励员工，就需要创造条件，满足人们的激励因素。

二、常见的激励措施为什么不能满足激励因素

虽然激励员工是一项常规工作，但是在很多组织里，员工普遍受激励程度不足也是现状。这是因为常规的激励手段主要集中在保健因素范畴，很少涉及激励因素。

举个例子，当前大部分企业内最常见的核心激励机制，就是围绕工作结果（主要是 KPI 的考核结果）设立奖惩制度和优胜劣汰体系。该体系与员工的职业发展及薪酬福利直接挂钩，从而实现激励效果。那么，这种方式的成效如何呢？首先，这种体系里的惩罚和淘汰机制影响是借助影响人们的职业安全感而起作用的，这属于保健因素，并不属于激励因素；其次，

与淘汰机制相对的晋升机制，虽然其与成就感、个人的发展、认可度等激励因素挂钩，但每个级别中只有少数优秀的人才有机会成为候选人。如果一个人认为自己在短时间内晋升的可能性不大，就不会受到晋升机制的任何激励。因此，晋升只能激励潜在的候选人群体，激励人群范围较小，不能获得理想的激励效果。

Google 内部曾设立“创始人奖”。该奖项每年仅奖励 1 ~ 2 个有突出贡献的项目。2009 年，Chrome 浏览器的研发团队便获得了该奖，该项目的负责人桑达尔·皮查伊也开启了内部晋升之旅，并在若干年后成了 Google 的 CEO。

该奖项看似对激励员工有不错的效果，但事实上，Google 早已经停止颁发该奖项。因为 Google 内部调查显示，每年只有极少数明星项目及其成员会因获得该奖项的激励而努力工作，大约 90%得奖无望的人，并不会因为该奖项的存在而有丝毫行动上的改变。

除基于考核结果进行的奖惩之外，HR 部门还采取一些非正式手段（如对小的贡献发放奖品）增加人们获得奖励的机会。奖品如果发放的范围广，出于成本考虑，数量就有限，激励效果也有限。此外，改善工作环境、提供节日礼品等 HR 部门常采取的操作也属于保健因素范畴。

在一些互联网公司中会采用期权激励，其背后的逻辑是，如果公司的财富能获得指数级增长，每个员工就会获得巨额奖励。但这需要公司极具爆发的潜力，为大多数人所看好，或者上市的可能性较高，这样期权才会起到激励效果。而对大部分公司来讲，这并不是常态，因此并不能将期权激励用作常规激励手段。

综上所述，在大部分常见的激励手段中，有一些本质上属于保健因素范畴，达不到激励效果，有一些属于激励因素范畴，但只能在小范围人群中起到激励作用，不能获得理想的激励效果。

如果无法广泛地、持续地激励组织中的大部分人，那么即使引入更先进的工具，提供了明确的目标，也不会取得显著的效果，这就是组织经常更换工具、流程、管理方法等，但效果都差不多的底层原因，即各种手段对人们的激励程度并没有太大变化。

OKR 既提供了工具助力组织澄清目标，也提供了跟踪流程助力更好地管理过程，还提供了能够持续满足激励因素的措施，因此其是一个能从根本上帮助组织获得成效的工具。

三、OKR 满足激励因素的机制

《管理 3.0：培养和提升敏捷领导力》一书提出：在职场上，激励因素体现为十种具体的内在动机，可以让人们展现出更加积极、更加主动、更加有责任感等受激励的行为，这十种内在动机具体如下。

（1）好奇心：有很多事情要调查和思考，有新的东西可供探索和研究。

（2）认可：工作能力、工作方式及个人的其他特性都能被周围的人接受和认可。

（3）胜任感：工作不是简单、重复的，具有一定的难度，但尚在自己的能力范围内。

（4）影响力：能够影响周围发生的事情，或者影响周围的人，不是单纯负责执行的“机器人”。

（5）自由：对工作有一定的自主权。

（6）关系：与工作中接触到的人能保持良好的社会关系。

（7）秩序：工作环境稳定，工作有序。

（8）独立性：可以与众不同，有自己的任务和职责。

（9）意义：工作的意义与个人追求的价值能互相印证。

（10）地位：在组织内有一定的地位，没有处于最底层。

对每个个体而言，如果这十种动机中超过三种能够获得基本满足，就能明显看出该个体具备积极、主动的特点，环境中能够满足的动机越多，个体受激励程度就越高。反之，如果环境中仅能满足其中一两种动机，其他动机无法达到令人满意的程度，则个体很难展现出任何受激励程度高的特点。

在 OKR 的实践过程中，组织要为员工提供机会，至少应满足其中四种内在动机，分别是意义、认可、自由、胜任感。

1. 意义

每个人都有自己的价值观，如果一个人所从事的工作与自己的价值观恰好吻合，甚至能推广自己的价值观，那么其更愿意花心思将自己的工作做好。

在以 KPI 等方法为核心的管理体系中，管理的方法倾向于制定任务、传递任务和澄清任务的细节，而非传递工作的意义和价值。如果一个人只被当作一个执行的工具，没有机会了解工作的意义和价值，自然也无从知晓工作的意义是否与自己的价值观相吻合。因此，在任务驱动的管理模式下，“意义”这种动机很难获得满足。

OKR 之所以能够满足“意义”这种动机，是因为 OKR 本身就是负责解释目的和意图的。在 OKR 体系下，人们首先接触的不是做什么，而是为什么。

举个例子，某打车软件准备在新版本中增加车内录音功能。对于该任务，你既可以描述为“增加车内录音功能”，也可以描述为“通过增加录音功能减少纠纷和事故，为乘客提供安全保障”。从执行者的角度来看，前者仅仅是一项任务，后者则让他们看到了工作的价值。如果该价值与员工的价值观相吻合，员工可以通过达成该目标来推广自己的价值观，那么员工会更加认真地对待该目标。这就是在满足员工“意义”动机后带来的效果。

在 OKR 的执行过程中，组织只要注意以下几点操作，就能够创造出满足“意义”这种动机的机会。

（1）贯彻“自上而下以价值为导向分解 OKR”这条军规，让各级 OKR 都能够准确地传递目的和意图。

（2）贯彻“选择合适的工具，让 OKR 进度透明”这条军规。随着 OKR 的分解，级别越低、颗粒度越小的 OKR 所反映出的意义越有限。好的工具应该能够向上追溯，让一线员工也能看见更大的蓝图。

（3）当管理人员与员工进行对话时，可以探讨一下员工个人的价值取向，利用管理人员的信息优势，帮助员工挖掘现有工作内容与其价值取向相匹配的部分，提升其对工作的“意义”感。

2. 认可

员工的工作成绩及工作能力能够经常性地获得他人的认可和赞美，是其内在驱动力的一个重要来源。在职场中，以下两种情形常常给人们带来不被认可的挫折感：

（1）交付很小的一个东西，背后可能涉及巨大的工作量，但客户及管理层看不到那些巨大的工作量；

（2）上级的决策或指导意见如果有问题，下级即使按照要求完成了任务，但是若最终结果没有达成，下级也无法获得认可，同时要承担一部分责任，通俗地讲就是“背锅”。

如果把一个项目最终被客户认可的部分称为“功劳”，而把交付“功劳”的过程中团队付出的所有劳动（包括纠正各类错误的劳动）叫作“苦劳”，那么“苦劳”的量要比“功劳”的量大得多。从团队的角度来讲，自然期待所有的“苦劳”都被认可。但事实上，往往只有“功劳”最终会被认可，而且如果“苦劳”的量远远大于“功劳”的量，那么反而团队会被质疑能力有问题，结果就是组织内许多个人和团队长时间处于“收获的认可远远小于付出的劳动”这样一种不平衡的状态。也就是说，人们“认可”这种动机不仅没被满足，还处于严重缺失的状态。

在以任务驱动的管理模式里，这样的问题没有根本的解决方案。因为无论以何种体系进行过程管理，都无法避免任务在制定的过程中存在问题，在传递和分解的过程中产生偏差。而在任务体系下，这种错误往往只能到交付的晚期，甚至交付之后，才能从客户的反馈中得知，而此时修改成本很高，而且修改的过程中付出的额外劳动不会被客户认可，这部分工作被认为是在为团队之前犯的错误买单。

在 OKR 模式下，这种问题能得到有效的解决，主要在于 OKR 聚焦解释目的和意图。团队在 OKR 的指导下可以尽早发现计划和任务中存在的问题和偏差，早期修正成本低、速度快，使得完成一个 OKR 付出的“苦劳”的量仅仅略大于“功劳”的量，付出约等于收获，这样人们不被认可的挫折感就会大大降低。此外，OKR 还能大大提高团队首次交付的准确率，进一步提升团队或者个人的被认可度。

满足员工“认可”动机的操作要点如下。

（1）在执行 OKR 的过程中，组织要坚持遵守“制定‘目标’，而非制定‘任务’”和“区分‘任务’和‘关键结果’”两条军规，用目的和意图指导工作，减少不必要的工作。

（2）在执行 OKR 的过程中，组织要提升授权程度，引导员工高度地参与决策（如 OKR 的制定、任务的调整等）。员工只有参与决策，才会提升责任感，降低“背锅”带来的不被认可感。

3．自由

有一定的选择权和决策权，能够在一定程度上影响，甚至控制事情的走向和进程，这是一种能让人们更加积极的内在动机。

在 Google 这样的成功实践 OKR 的典范中，员工的 OKR 一般分为两个部分：一部分源自战略目标，是自上而下分解而来的；另一部分是由员工自下而上提出的，这部分自下而上的个人目标同样紧紧围绕战略目标这个核心，其源自员工个人的想法或者创意。因此，最终的 OKR 是经过员工补充的。员工通过参与目标的制定，其选择权和影响力适当地得到了满足，从而对目标有更高的责任感，受激励的程度也有所提升。

另外，在实践 OKR 时虽然制定了目标和关键结果，但是在如何实现这一层上，并没有给出任何规定。因为这部分是要留给团队和个人的，他们可以在 OKR 的引导下制订计划、试错、调整。团队和个人有充分的选择权、决策权，这是 KPI 等任务驱动的管理方式无法赋予的。虽然大多数组织都鼓励员工大胆尝试、创新，但是如果过程管理是以任务驱动的，员工的创新范围只能局限在设计好的任务路线上，仅仅思考如何更好地完成任务。但在 OKR 的框架里，员工不仅能够思考如何更好地完成任务，若能看到任务的不足，还能够思考如何通过完成其他任务更好地完成 OKR。这时，员工的选择权、决策权及影响力的范围更大，所获得的机会更多，“自由”这种内在动机被满足的机会也就更多了。

满足员工“自由”动机的操作要点如下：

（1）提升 OKR 执行过程中的授权程度；

（2）在 OKR 的执行过程中，组织要贯彻“适度地容忍错误和失败”这条军规。因为如果不适度容忍错误和失败，员工的选择权和决策权的空间就会被压缩，就会减少“自由”被满足的机会。

4. 胜任感

胜任感并不是员工挑战成功之后对自己能力的满足感。能够给员工带来胜任感的工作是稍高于其当前工作能力的工作，但员工及其团队有信心在短时间内提高至相应水平，最终完成工作。

举个例子，某员工接到一项任务，让其将完成某类工作的时间缩短

10%。如果该员工觉得这项任务太难了，超出了其能力范围，即使努力了也很难做到，其就会消极应对；如果该员工觉得这项任务很简单，能轻松完成，那么也不会激发其兴趣，更别提提高生产力了。

但是，如果该员工通过判断，认为这项任务虽然有一定的难度，但想想办法还是大概率能完成的，其就会积极地思考并采取行动，其思维和行动力都会立刻被调动起来，主动性和生产力都要高于平时的水平，呈现出被激励的效果。

胜任感体现为一种面对挑战时对自己的信心。满足胜任感的前提是工作中经常遇到合适的挑战。本书 1.1 节“OKR 的基本概念”中提到过，一个好的 OKR 需要“具有一定的挑战性”，其目的就是让员工经常获得胜任感。

满足员工的胜任感在操作的时候，要注意让员工自己决定挑战程度，或者在制定具有挑战性的目标的时候充分尊重员工的意见。如果员工挑战失败，那么也不要追责，或者过于积极地帮助其改进。因为无论管理人员是追责，还是过于积极地帮助员工改进，都传递了同样的信息，那就是管理人员很介意员工挑战失败这件事情。这样，员工下次选择挑战程度时就会偏保守，以确保挑战成功。如果员工预期内的工作完成了，但是挑战的部分未完成，如何反思可以交由员工自行进行。

以上四点就是 OKR 能够满足的“内在驱动力”，其操作要点如果都注意到了，那么组织在三个月到半年内就能明显看到大部分员工的精神面貌发生了改变。组织用“内在驱动力”取代“物质奖励”的好处是，物质奖励能激励的范围有限，但是内在驱动力可以提升 OKR 制定、跟踪过程中所有参与者的激励程度，并且它是可持续的，因为只要参与了 OKR 的实践，员工的内在驱动力就会经常性地获得满足。

但是，并不是只要使用 OKR，这一切就会自然发生。只有当前文提到的操作要点在实践中操作到位时，才能保证在整个 OKR 的流程中能够提供足够多的机会让员工的内在驱动力获得满足，而这些操作需要管理人员的思维模式发生改变，然后经过反复实践才能掌握。经常有人问："在晋升机会有限、奖金有限的情况下，如何激励员工？"其实方法很多，包括且不限于本章提到的所有方法，只是操作起来的难度远远大于直接使用物质奖励，这是组织内大部分管理人员在实践 OKR 时需要面对的挑战。

组织要想获得最后的成功，好的工具和被激励的员工缺一不可。在实践 OKR 的过程中，管理人员需要对自己的管理方式进行变革，贯彻"用'内在驱动力'取代'物质奖励'"的军规。

小结：

- 要实现组织赋能，既需要正确的流程和工具，又需要被激励的员工，二者缺一不可。
- 相比"物质奖励"，"内在驱动力"能够提供更大、更持久的激励效果。
- OKR 能够满足人们"意义""认可""自由""胜任感"四种内在动机。

5.2　用"适度的"挑战激发员工的行动力

在前文提到的双因素激励理论中的激励因素中，"具有挑战性的工作"排在首位。OKR 在制定的时候也要求具有一定的挑战性，以激发员工的行动力，从而更好地完成 OKR。

具有挑战性的工作之所以能够达到良好的激励效果，是因为以下两点。

（1）挑战可以激发员工的兴趣。虽然并不是所有的人都喜欢挑战，但具有挑战性的工作与常规工作有不同之处，通常会引发员工一探究竟，或者尝试一下的兴趣，而兴趣是动力的源泉。

（2）具有挑战性的工作意味着员工用熟悉的方法和工具可能无法完成。员工需要进行调查、学习，或者头脑风暴，这与常规工作不同。员工会对完全熟悉的，甚至重复多次的工作产生厌烦感，而具有挑战性的工作恰好能调动员工的积极性。

当一个人或者一个团队在面对具有挑战性的工作时，会表现出更大的兴趣，愿意进行更多的学习、讨论和尝试。从外界看来，这个人或者这群人积极、主动起来了。用具有挑战性的工作达到良好的激励效果的过程就是这样简单。因此，组织在实践 OKR 的过程中必须遵守这条军规：

用“适度的”挑战激发员工的行动力。

适度的挑战能创造满足员工内在驱动力的机会，促进 OKR 的完成。与本书中介绍的其他军规一样，组织在具体执行的时候要注意一些技巧，才能避免过于教条地遵守，带来负面的效果。

一、“合适”与否自己说了算

由前文可知，“恰到好处的挑战”应该是有点儿难，但是通过努力有信心完成。满足这个难度能最大限度地激发员工的行动力。但是，“恰到好处”是因人而异的。同样一个 OKR，对经验丰富的人来说可能没有任何挑战性，对新手来说可能难度过大，对其他人来说则可能是恰到好处的。

如果想给正常范围的 OKR 上增加挑战难度，这个“度”应该由负责执行这个 OKR 的个人或团队决定。对个人而言，什么是“合适”的挑战，应该由其自己说了算，而不应该由其上级决定；对团队而言，需要所有团队成员达成一致意见，而不是由团队的上级、重要干系人，或者团队内的少数资深人士决定。即使执行者暂时选择了十分保守的挑战，管理人员也应该予以认可和支持，这样做的原因有两点：

第一，外界制定的具有挑战性的目标未必适合执行者，如果对执行者来说不是“恰到好处”的，则无法起到激励作用；

第二，外界强加的目标会降低执行者的参与感和责任感。

管理人员在帮助执行者选择“恰到好处”的挑战时，可以参考以下引导性问题：

——有挑战性的目标是什么样子的？

——完成该挑战的信心指数是多少？

——哪些风险的发生会导致挑战失败？这些风险发生的概率有多大？

——为了完成挑战，内部要做出什么样的改变？

——哪些外部支持，可以助力更好地完成挑战？

这些基础的引导性问题，一方面能够帮助执行者从愿望与风险的角度思考什么才是合适的挑战，另一方面可以引导其从自身协作和外界帮助上思考如何应对挑战。管理人员应该引导执行者通过不断地完成小型挑战来树立信心，提高能力，而不是一味地追求高挑战。

二、避免强制性挑战

制定有挑战性的目标是为了满足员工的内在驱动力，但是如果带有强制性，则会降低员工的内在驱动力。有一类强制是显性的，如上级越俎代庖，要求下级完成上级认为“合适”的挑战，这样的行为比较容易识别。还有一类强制是隐性的，如用语言或者态度暗示上级希望的挑战程度等；更有甚者因为下级质疑挑战，而给下级扣上“害怕挑战”“不敢跳出舒适区”等帽子。这些行为都是以挑战之名行强迫之实，这样不仅不会起到正面作用，还会降低员工的内在驱动力、参与度和责任感，得不偿失。如果执行者的内在驱动力并没有得到显著的提升，则即使目标明确、工具精良，最终结果也不会有显著的改善。

避免强制性的挑战，要做到以下两点。

（1）管理人员真正认识到行为的危害，从全局的角度思考利弊，做出正确的选择。

（2）虽然制定了具有挑战性的目标，但“挑战”的那部分工作不应该强制执行者完成，允许挑战失败。其原因在本书 4.5 节“适度地容忍错误和失败”中有详细描述。

三、不玩“70%”的数字游戏

Google 的风险投资合伙人 Rick Klau 在一次 OKR 的分享会议上，提出了“70%就是新的 100%”。这句话的意思是如果一个 OKR，团队拼尽全力能完成 70%，则说明 OKR 的挑战性是恰到好处的；如果团队能完成超过 70%，则说明 OKR 的挑战性不够。此外，如果团队拼尽全力只能完成 60%（甚至不到 60%），则说明 OKR 的难度过大。于是，“70%”成了一个广为传播的“合适的”挑战制定标准。

其实，Rick Klau 在解释“雄心勃勃”的 OKR 时，引入拼尽全力能完成 70%这个例子，只是想让“雄心勃勃”这一描述变得具体、易懂而已，并未说它是一个可以通用的标准。在实际操作中，以 70%的完成度为标准去执行是不可行的。首先，对于一些功能性 OKR 或者支持性 OKR，完成约定的功能、达到支持的效果即可，完全没有必要过于“雄心勃勃”。其次，对于一些需要一定挑战性的 OKR，如果团队能够准确地估计拼尽全力能完成 70%是什么程度，那么一定要在此基础上增加 30%的难度是没有意义的；如果团队不能准确地估计拼尽全力能完成到什么程度，那么更无从计算 100%的 OKR 是什么了；如果上级希望下级去挑战超出当前能力 30%的目标，而下级并不认同，认为挑战没有意义或者根本完不成，考评的时候会吃亏，那么下级可能会在细节工作的工作量及潜在问题和风险上做文章，以便给自己留下更灵活的空间，最终导致 OKR 的挑战变成一个数字游戏。

因此，不要玩 70%的数字游戏，这样做的意义不大，正确的做法是不追求精确管理，让团队或个人选择合适的挑战。如果团队或个人经过努力完成了挑战，则意味着其下次可以挑战更大的目标，反之下次可以选择略小的目标。组织要在摸索中积累经验，这样才能逐渐让员工接受挑战、享受挑战，而不是把挑战看作一项僵硬的指标。一旦挑战变成了指标，那就毫无激发内在驱动力的效果了。

什么是合适的挑战，归根结底还是要看挑战者是怎样看待的，而不能用一个简单的数字来评估。“拼尽全力能完成 70%的目标是一个好目标”这个说法之所以能迅速流传，是因为人们在面对复杂的事物时，总期待有一个简单、清晰的指标可以参考。但是，管理从来不是对于成功与失败的简单判断，而是一门平衡的艺术，是需要综合目标、原则、观察、感知、同理心等众多客观或主观因素进行考量、取舍，然后做出带有一定依据，且有一些不确定性的决策，最后通过决策的结果来反思和调整。

那些在管理“人”的过程中遇到问题的管理者，如果一直试图寻找到简单的、可量化的、标准化的解决方案，那么他们注定不大可能找到合适的。只有承认管理的复杂性，并认真探索复杂性，最佳答案才会浮现出来。

小结：

- 适度的挑战能够激发员工的内在驱动力，促进 OKR 更好地完成。
- 选择“适度的”挑战的原则：“合适”与否自己说了算；避免强制性挑战；不玩“70%”的数字游戏。

5.3 授权员工，赋能组织

员工是组织宝贵的财富。那些处于变化性高、复杂性高的行业的组织，更希望自己的员工能敢于挑战、积极思考、灵活应变，尽早发现问题并给出具有建设性的，甚至是创造性的建议，但是能实现这一愿望的组织很少。这是因为它们没有很好地实践这条军规：

授权员工，赋能组织。

一、授权员工的难点

如果想要实现激活员工，赋能组织，就需要做到以下两点。

（1）授权员工。组织只有给予员工适当的决策权，才能使他们摆脱僵化执行的模式。另外，权力带来更多的责任，责任又会带来高质量的行动，于是组织就可以获得“赋能”员工的结果。

（2）给予准确的引导。如果员工对目标及最终要获取的价值缺乏了解，员工越具活力反而会造成更多的浪费。

当前，被广泛采用的 KPI 和类似 KPI 的任务管理系统，在支持以上两点上有一些致命的不足。在这类体系中，人们分解工作的过程如图 5-3-1 所示。

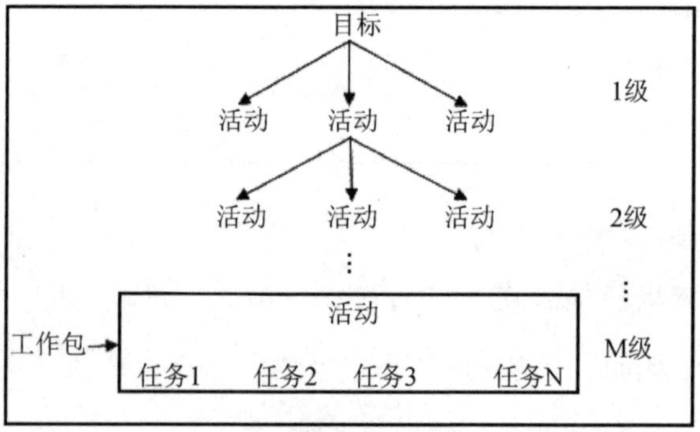

图 5-3-1

在该系统中，目标首先被分解为一系列大的活动，然后按照组织级别金字塔，层层向下分解，直至分解为底层任务。在这样的过程中，下级的目标是完成上级交付的任务，而不是达成最初的目标。这样的系统对于“授权员工，赋能组织”的阻碍主要有以下几点。

（1）在“做什么”的范围已经指定的前提下，员工的思考和创新活动只能限制在执行“做什么”过程中遇到的困难，不可能跳出“做什么”本身，去探索“做什么更好”。即使组织授权员工决策、试错，但是员工能决策的范围、尝试的手段也很有限，不会带来显著的价值。

（2）在涉及跨团队协作的活动中，协调和同步非常困难。因此，除非万不得已，否则人们不愿意更改整体的计划和活动列表。这限制了人们积极思考、灵活应变的意愿。

（3）缺乏目标（为什么）的参考，员工自发的创造活动，更像是蒙着眼睛射箭，中不中全凭运气。这导致组织内授权员工做决策，或者组织员工搞创新时，能产生的价值很少。

这就是 KPI 系统对“授权员工，赋能组织”带来的阻碍。由于授权的空间实际上很有限，组织内各种激发创新和授权员工的活动无法产生显著的价值，最终注定沦为形式。而许多组织内的中高层管理人员在看待这些问题时，往往错误地认为是执行层缺乏全局观，不能站在更高层面上看问题、做决策，认为执行层存在思维定式。其实，缺乏全局观、存在思维定式等因素恰恰是 KPI 系统的制定模式造成的，员工在没有明确知道为什么的前提下，不可能看到当前活动存在的缺陷，更不要说提出更好的建议了。

二、OKR 如何更好地实现授权

1. 提供明确的目标

OKR 为赋能组织创造了前所未有的条件。OKR 中的 O 传递的实际上是“为什么”，而不是“做什么”。在 OKR 向下分解的过程中，每个级别的 O 也要坚持传递“为什么”。在这样的系统中，每个级别的员工都有明确的“为什么”做指导，就可以不受限于某一类活动或者任务，可以发挥想象，对任务、活动进行创新、迭代和试错。员工思考的空间明显要大，思考和创新的过程也不再是“蒙着眼睛射箭”，而是有针对性的。

2．提供明确的边界

OKR 中的 KR 解释的是“要取得哪些结果”，这为度量任务的方向性、有效性等提供了准确的依据。组织在授权员工，以及允许员工试错的时候，最难把握的就是一个“度”的问题——想授权又怕下级能力不足，不授权又怕下级活力不够。如果有一种指标，能在执行过程中出现效率、方向性等问题时，及时发出信号，管理人员就无须对下级进行经常干预、过度干预了，而 KR 恰好就是这种指标。组织通过定期检查 KR 的进度，就能准确得知执行过程中的效率、方向性等情况，而且 KR 的进度反映出的问题的准确度和时效性要远高于任务进度。通过 KR 进度提供的信号，管理人员能够识别出什么时候应该干预，什么时候不应该干预，从而在实现授权的同时，还能控制风险。

如图 5-3-2 所示，使用 OKR 能够清晰地划分授权的边界，帮助“授权”更好地落地。同时，在可授权的部分，OKR 提供的空间远远大于 KPI 等系统。

一个组织若想取得成就，就要有合适的方法和受激励的、能正确使用方法的人群，二者缺一不可。OKR 恰好既提供了方法，又提供了激励人的手段。在方法层面，OKR 提供了一系列制定、分解、跟踪的规则；在激励人的手段层面，OKR 提供了明确的目标指引，打开了授权的空间，让组织能够在安全的范围内充分授权，从而享受授权员工带来的一系列好处。如果组织只关注 OKR 的制定、跟踪等流程上的细节，对 OKR 创造的良好的授权条件视而不见，在 OKR 的执行过程中延续控制型、命令型微观管理模式，最终能从 OKR 方法中收获的就很有限。OKR 对这类组织来讲，就似乎不够外界声称得那么“神奇”。

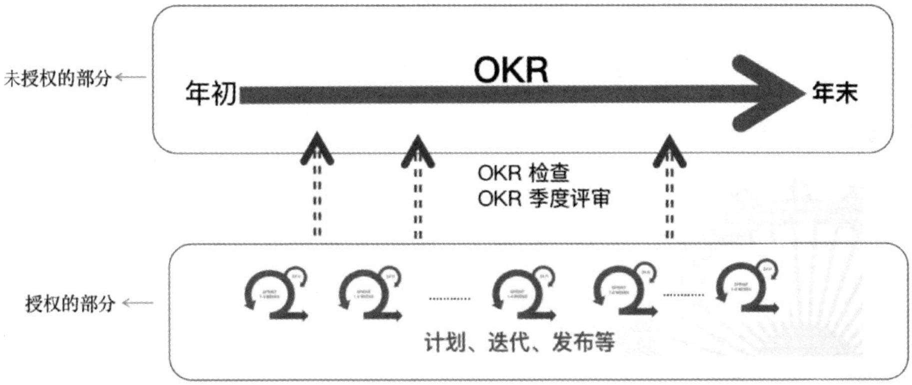

图 5-3-2

然而，OKR 能做到的也仅仅是创造了更好的授权空间而已，是否能带来高价值，还要依赖组织内的管理人员改变行为方式，甚至推动组织文化变革。因此，组织在执行 OKR 的时候，不妨将“授权员工，赋能组织”当成一条军规铁律，坚持执行，定会大大提高 OKR 的投资回报。

小结：

- 在类似 KPI 的任务分解模式下，管理过于明确和具体，授权的空间实际很小，授权往往是一句空话。
- OKR 为授权提供了明确的指引，为授权划定了边界，让微观管理的必要性降低，授权的风险变小，授权的空间变大。

5.4 OKR 与绩效考核有机结合

OKR 不可避免地会与绩效考核产生联系，因为二者在范围上有很大的重合区域。组织在制定和执行 OKR 时，必定要考虑绩效考核，而在进行绩效考核时，也无法绕开 OKR 提供的数据，将二者拆分、独立开来是不可能的。虽然如此，但是 OKR 不能简单地用于绩效考核，组织应做到：

OKR 与绩效考核有机结合。

对那些使用 OKR 的组织而言，OKR 是一把度量工作结果的标尺，但是绩效考核并不仅仅是唯结果论，将 OKR 的结果作为绩效考核的主要指标，甚至是全部指标，在某些情况下会让组织的绩效考核陷入数字游戏，变得短视，同时会让 OKR 沦为数字游戏的工具，使其长处无法得到充分发挥。因此，OKR 与绩效考核的结合应该是有机的、互相取长补短的。

OKR 与绩效考核有机结合，需要从三个方面分析：

（1）OKR 相比其他方法，确实能提高绩效考核的有效性；

（2）绩效考核的范围大于 OKR；

（3）OKR 在绩效考核中占比过大，将大幅度降低 OKR 的制定、执行质量。

一、OKR 相比其他方法，确实能提高绩效考核的有效性

在以 KPI 思想为主导的考核系统里，目标经过分解之后，变成“关键绩效指标”。对拿到关键绩效指标的执行团队而言，完成关键绩效指标就成了他们的“目标”。如果工作内容是重复多次的，完成任务则意味着达成结果，那这种做法没有任何问题。而对一些自身复杂性高、潜在的变化大，或者受外界影响较大的工作而言，很难做到在一开始的时候就识别出全部的关键绩效指标。这类工作即使在一开始很好地识别出了绩效指标，但在执

行的过程中，随着变化的发生，当初制定的绩效指标也可能不再准确了。如果执行层缺乏对真正的目标的深层次理解和认识，将绩效指标当作目标，则执行层无法在早期发现指标自身存在的缺陷和问题，只有在交付的晚期通过高层或者客户的反馈才能发现，而此时在错误的路线上已经消耗了大量的时间和成本。

OKR 能够有效地解决这类问题。OKR 省去了分解为指标的环节，直接传递目标和关键结果，OKR 进度完成即代表结果达成，避免了 KPI 体系下那种指标完成了，但是结果没达成的情况。

指标制定时有瑕疵、指标响应变化不及时等问题，会导致一系列后果。除执行的结果不尽如人意之外，执行的过程中耗费了大量预算外的时间和资源，也会影响人们对结果的评价。在类似 KPI 的体系中，这很难说是执行者犯的错误，因为执行者不参与指标的制定，也对指标背后的目的和意图知之甚少，他们所做的只是尽力完成指标而已。然而，即使他们跟指标的错误没有关系，只要最终结果没能令人满意，执行者也不可能获得很高的绩效。这就是为什么有些执行者认为自己是在为上级的决策“背锅”，认为绩效不能真实地反映自己的工作成绩。OKR 因为省去了分解指标的环节，直接传递目的和意图，于是带来了以下好处：

（1）有目的和意图作为参考，执行层就有了制定指标、任务并根据变化及时做出正确调整的依据，从而采取准确的行动；

（2）执行过程中的决策权下放到执行层，同时执行层对交付结果承担完全责任；

（3）有 OKR 做指引，并定期参照 OKR 检测执行的过程，可以尽早发现执行中存在的问题，而不必担心完全授权后对事态失去控制。

只有当权责都下放给执行层的时候，执行层才能对最终结果负责任，这时依据结果考核才能得到执行层的认可。这点在类似 KPI 的体系下很难做到，但是在 OKR 体系下很容易做到。因此，OKR 能提高绩效考核的有效性。

二、绩效考核的范围大于 OKR

虽然 OKR 能让绩效考核的结果更准确，但是绩效考核不能完全依赖 OKR 的结果。绩效考核指标分为两种：一种是定量指标；另一种是定性指标。

无论何种公司，在进行绩效考核设计时都应该考虑这两种指标。

定量指标：可量化的指标，如任务完成数量、任务合格率、工作时长等。这类指标可统计，并且结果相对客观。

定性指标：可感知、难量化的指标，如工作态度、团队合作能力、沟通能力等。这类指标的评定主要靠主观感受，结果不客观，较难达成共识。

如图 5-4-1 所示，定量指标和定性指标同时存在于绩效考核的各个维度。举个例子，在业务成就维度，常见的指标诸如工作数量、工作时长、交付周期、缺陷数量等就属于定量指标，而客户满意度、关键干系人满意度、用户体验设计、UI 设计等是典型的定性指标。此外，在管理运维维度、协作和成长维度也同时存在着定量指标和定性指标。

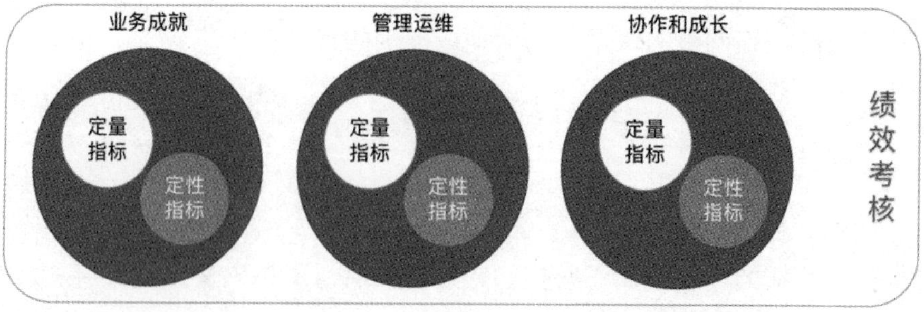

图 5-4-1

OKR 可以准确度量定量指标，但是无法准确度量定性指标。在制定

OKR 时，要求符合 SMART 原则（SMART 原则中的 M 代表 Measurable，即可度量的意思），这是一个共识。因为 OKR 要符合 SMART 原则，而定性指标是无法度量的，所以 OKR 无法支持对定性指标的度量。在评估定性指标上，KPI 同样无能为力。如表 5-4-1 所示，将工作责任感、工作的积极性和主动性等放入 KPI 考核项目中，最后打分时体现的是管理人员的主观意见。凭借主观意见打分有以下问题：

（1）主观意见带有局限性，很难反映出真实情况，也很难公开并在更广范围内接受质疑；

（2）在横向对比绩效时缺乏让人信服的依据；

（3）无法获得被考核者发自内心的认可，若被考核者不真正认可考核结果，就不会在行为上发生改变，绩效改进即成为空谈。

表 5-4-1

序号	考核项目	权重	得分标准
1	团队月度目标达成率	20%	0 ~ 100%
2	个人工作完成率	20%	0 ~ 10%
3	工作交接及协作	15%	1 ~ 10 分
4	工作责任感	15%	优秀、良好、较差、很差
5	工作的积极性和主动性	15%	优秀、良好、较差、很差
6	企业价值观的理解与贯彻	15%	1 ~ 10 分
合计		100%	

OKR 和 KPI 在评估定性指标时都会面临定性指标依赖上级主观意见打分的情况，所以二者都不适合作为绩效考核的主要数据源，更不可作为唯一数据源。在进行定性考核时，应该使用类似 360 度评估的反馈系统。反馈系统通过多种形式收集反馈数据，从中抽取重复出现的、规律性的反馈，并将其作为依据对定性指标进行判断，从而降低个体主观意见的影响，提高被考核者对结果的认可度。

一个绩效考核系统如果想做到最大限度真实地反映绩效情况，并且做到相对客观，获得被考核者的认可，往往需要多个系统提供数据，最终形成一个类似“用户画像”的“绩效画像”（见图 5-4-2），最终组织基于绩效画像的描述，形成对个人的绩效决策。**OKR 在绩效画像中的作用主要是提供可量化部分的结果。**绩效考核收集的数据要远多于 OKR 能够提供的数据。

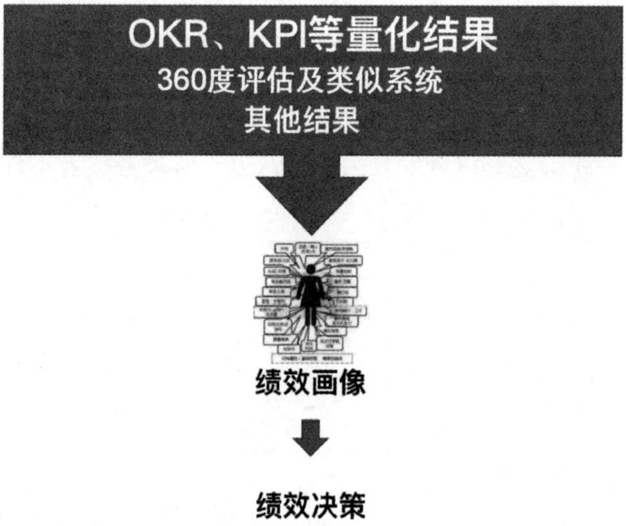

图 5-4-2

三、OKR 在绩效考核中占比过大，将大幅度降低 OKR 的制定、执行质量

在制定 OKR 的时候，有一条原则是“具有一定的挑战性”，但是万一挑战失败，在绩效考核一端则很难进行简单的定性，可能导致一些复杂情形发生。因此，如果 OKR 在绩效考核中占比过大，人们为了避免绩效考核时的复杂情形发生，往往会故意选择保守的 OKR，或者夸大 OKR 的难度。这显然会影响 OKR 能给组织带来的效果。

另外，由于 OKR 只能对定量指标做出准确度量，对定性指标则无能为力，如果 OKR 在绩效考核中占比过大，其他科学的定性指标考核方式占比太小，甚至处于完全缺位的状态，最后定性指标的考核就基本依赖上级主观意见，前文所说的凭借主观意见打分导致的问题，就不可避免地出现。

正因为 OKR 与绩效考核结合的时候存在以上问题，所以组织在考虑将二者相结合的时候，一定要进行有机结合、取长补短。有机结合的具体情况比较复杂，《敏捷团队绩效考核》一书中有详细的论述，其基本原则可以抽象为以下三条。

（1）用 OKR 代替 KPI 度量定量指标。

（2）根据实际情况，在绩效考核中设置合适的 OKR 占比，不过度依赖 OKR。在特殊情况下，OKR 在绩效考核中的占比也不应该超过 80%。

（3）引入科学的定性指标评估系统，并广泛利用其他数据，以实现“绩效画像”为目的，避免进行简单的分数评估。

OKR 与绩效考核相结合时只有遵循这三条原则，避免前文提到的问题，OKR 的使用过程才能回归其初心，否则 OKR 的使用过程就无法避免受到干扰。因此，“OKR 与绩效考核有机结合”是一条军规铁律。

小结：

- 因为 OKR 能提供准确的度量标准，并且尽可能提升权力和责任的一致性，所以能提高绩效考核的有效性。
- 绩效考核指标分为两种：一种是定量指标，另一种是定性指标。OKR 只能为定量指标的考核提供参考。
- OKR 在绩效考核中占比过大，将大幅度降低 OKR 的制定、执行质量。

5.5 打造员工深度参与的 OKR 全过程

前文提到过，OKR 能发挥较大作用、比其他方法明显具有优势的领域是复杂性高、不确定性高的领域。在这样的领域中，依赖个人的经验、中心化决策往往风险比较大，因为经验主义所受到的限制和出错的概率比其他领域要大得多。最好的方式是在决策和行动的过程中群策群力，引入多方观点，综合各方的意见，这样才能完善计划，降低风险。因此，在实践 OKR 过程中有一条不可动摇的军规：

打造员工深度参与的 OKR 全过程。

本书 4.1 节“群策群力地制定 OKR”介绍了 OKR 制定过程中引导员工深入参与的过程及必要性；2.5 节“建立反馈循环，自下而上优化 OKR”，本质上是全体成员共同参与实现了组织内部 OKR 的优化。在 OKR 的生命周期中，员工共同参与、深度参与的做法除让 OKR 变得更加健全之外，还有能带来一些额外的好处。

一、提升员工的责任感

心理学研究表明，将一个人卷入计划的制订过程，会促使其更愿意接受和支持该计划。因此，如果组织在制定 OKR 的时候引入员工参与机制，就能最大限度地提高员工对 OKR 的认可度，并在执行时提升员工的主观能动性和责任感。

如果员工没有参与 OKR 的制定，那么其对决策过程中产生的问题并不负直接责任，所以若其在执行过程中遇到了困难和问题，完全可以袖手旁观，或者将问题反映给决策者，让决策者想办法解决。而如果 OKR 是由员工参与制定的，员工的主张和建议被包含其中，则执行过程中一旦出现问题，为了证明自己的主张或建议是正确的，员工就会更积极地把问题解决掉。

二、尽早发现潜在的问题

在不确定性高的环境中，不存在完美的 OKR，诸如 O 不是最终目标、KR 识别不全面、外界环境变化导致 OKR 不再有效等问题是十分常见的。这些问题不可能在一开始识别完全，只能在执行的过程中随时发现，随时调整。而执行者往往是第一时间发现问题的人，所以在 OKR 相关会议中采用提出引导性、启发性问题和群策群力讨论的方式，能促使问题第一时间暴露出来。

另外，群策群力的讨论过程也为人们停下来思考提供了良机。因为一旦执行的过程开始，人们就难免陷入工作细节中。在 OKR 的日常检查、季度评审等会议中，以 OKR 为目标，采取适当的引导方式，让人们深度参与讨论过程，通过互相碰撞观点的方式思考执行过程中的问题，是把执行者们的目光从任务细节中拉回目标上，重新思考和校正的机会。如果在这些会议中不采取群策群力的引导方式，而是采取由上级主导进行进度检查的方式，则会出现会议效率问题和会议深度问题。

三、深度参与能够帮助员工更好地理解目标

管理人员往往容易高估员工理解目标的能力，即使经常在会议上强调，也只有一小部分的员工能真正理解目标。在一项面向美国 23 000 名员工的调查中，只有 37%的员工清楚地知道公司的目标和战略是什么，并且只有 9%的员工认为他们的团队有清晰、可度量的目标，更多的人只关心自己的任务列表里面有什么。该调查结果对我国企业同样适用。通过单方面强调和灌输，对员工记住目标，并用目标指导工作的帮助很有限。

如果能有效地利用 OKR 的各类会议，在会议上管理人员和员工将阶段性的工作结果与 OKR 进行对齐，然后用正确的引导方式群策群力地总结已完成部分的经验，对如何更好地完成剩余的工作进行头脑风暴，则能有效

地加深员工对目标的印象。在讨论过程中，还有可能暴露出不同个人对目标的真实理解程度，从而对错误的、不足的理解进行有针对性的矫正。

在 OKR 的实施过程中，是否能贯彻员工深度参与，决定了 OKR 实施的质量，以及最终是否能用 OKR 帮助组织更好地适应变化、提高抗风险能力、减少浪费。因此，“打造员工深度参与的 OKR 全过程”是一条组织必须遵守的军规。

组织在执行该军规时，并不会一帆风顺，常常会遇到以下困难。

第一，人们的参与意愿不高。相比思想碰撞并参与决策，许多人还是愿意被明确告知行动的细节。

第二，人们的参与质量不高。人们对潜在问题的挖掘、未来风险的预判、最佳实践的思考都缺乏高质量的贡献。

1. 人们的参与意愿不高

如果组织内平时的氛围就是轻松活泼、思维活跃、开放包容的，那么这一切都会自然而然地在 OKR 执行过程中得以延续。如果组织内的文化偏向严格地管理和控制，过度强调服从，那么这种惯性也会被带到 OKR 的实施过程中。组织在 OKR 相关会议上贯彻群策群力的做法时，人们的参与意愿不高是正常的。会议的组织者应当善于利用引导性问题，具体做法可以参考本书 4.1 节“群策群力地制定 OKR”。在每次会议开始之前，相关人员要针对希望参与者深入讨论的内容，准备一系列引导性问题，在讨论过程中通过不断地抛出问题来引导人们参与。

为了进一步激励人们参与讨论，不仅要把人们带进群策群力的过程中，还要尽量让他们的决策真正被采纳。如果人们只被邀请参与讨论，但其意见和建议被采纳的机会较少，人们参与决策的程度就会越来越低。引导者除要引导人们深入思考、积极贡献之外，还要注意采用匿名投票等方式进行决策，减少始终以少数人的意见为主的情况发生。

在制定 OKR 的过程中，引入员工参与制度，正体现了组织对员工的信任，以及对员工想法的尊重，这本质上是一种针对员工内在驱动力的激励手段。在这个过程中，管理人员需要解决一个信任的问题。员工是认为管理人员打算在一定程度上放开 OKR 的决策权，还是在形式上主张群策群力，实际上却牢牢把握决策权，决定了员工最终的参与意愿和程度。管理人员不能只喊口号，而是需要用持续性的实际行动改变员工的看法。

2. 人们的参与质量不高

进行深度思考、提出高质量的意见是需要不断练习的。在一些管理控制型组织中，人们更多的是按上级的要求执行，缺乏独立、深度的思考。因此，组织在使用群策群力的方式时一开始无法获得高质量的反馈。但组织内的管理人员不应以此为理由，放弃引导，继续保持家长式的管理方式，如果这样，组织就失去了利用 OKR 引发质变的机会。

另外，在传统的管理方式中，目标是顶层制定的，其从分解的那一刻起，就是方案和任务导向的，越向下级分解，方案越明确，任务越具体。因此，组织内许多人能做的只是思考如何让方案落地，或者如何完成任务。这本质上是将人们可以进行思考的空间限定在既有方案和任务范围内。从上级的角度来看，自然希望下级能够对自己制订的方案中不完善的部分，以及计划中考虑不周的部分给出建议，而不是仅限于执行细节上的修修补补。这也是为什么很多组织内的管理人员抱怨下级太聚焦执行，缺乏从全局出发思考问题的意识。但从下级的角度来看，因为其所获知的内容有限，使其很难提出上级期待的高质量建议。

而 OKR 改变了这一点，大大拓展了人们思维的范围。因为 OKR 传递的是“为什么”，而不仅仅是“做什么”。因此，当了解了最终目标之后，人们就能思考如何更好地实现目标，就能看到当前任务或者方案存在的缺陷，这样自然提出的建议的质量就高了。

OKR 能够很好地帮助人们进行高质量的思考，所以管理人员要放下对下级的偏见，积极、持续地打造员工深度参与的 OKR 全过程，改变很快就会发生。

小结：

- 打造员工深度参与的 OKR 全过程，能够提高员工的责任感，有助于尽早发现问题。
- 人们的参与意愿不高、参与质量不高是常见的问题。这类问题往往是由组织内的既有文化导致的。OKR 为改变这些创造了一些条件，管理人员也可以通过正确的引导方式逐步改变现状。

结语

至此，OKR 的制定、跟踪、评审，以及推动组织赋能所需要的所有军规都已经介绍完毕。OKR 聚焦表达目的和意图，传递组织要获取的最终价值。这是 OKR 能够成为当前时代最好的管理方法之一的秘诀。因为在 VUCA 时代，任何通向终点的过程，都像是充满复杂性和不确定性的海洋，沿着定好的航线前进，能顺利到达终点的机会微乎其微。当你为了应对眼前的复杂性和不确定性而调整航线时，又很容易忽略将方向对齐终点。过程如此不易掌控，人们只有在终点竖起高高的灯塔，并用它度量航行的进度，才能最大限度避免迷失航向，最终抵达成功的彼岸。

虽然 OKR 很棒，但它是公认的“一听就会，一做就错”的方法。其原因在于 OKR 理论的重点在于传递如何制定正确的 OKR，并通过 OKR 引导和度量工作，但对于实施的细节既缺乏详细的说明，也缺乏有效的工具。

与 OKR 形成鲜明对比的是敏捷方法中的 Scrum 框架。该框架有一个完整的、易遵循的流程，并且对于流程中的每个节点都提供了合适的工具，能够助力组织更好地实践该节点。例如，在需求管理方面，为了让人们聚焦需求价值更容易，提出了用户故事的“Who、What、Why”格式；在迭代计划会议上，提供了计划扑克牌工具；每日站会则遵循“昨天做了什么，今天要干什么，会遇到什么困难”的格式；回顾会议遵循“哪些值得表扬，哪些值得改进，怎样进行改进”的格式。这些格式看起来简单，实际上在它们的帮助下，组织实现了聚焦价值、深度参与、高效开会等。这些工具解决了 Scrum 框架从理论到落地过程中遇到的很多困难。

然而，OKR 并没有在过程中提供类似的辅助工具，这使得 OKR 的落地过程缺乏参考，组织在实践的时候难免感到迷茫。这也是本书想解决的问题，即通过对大量实践活动的观察，总结出合适的工具和指导思想，帮助使用 OKR 的组织解决落地过程中常见的问题。

另外，OKR 用来制定目标很棒，但是没有一个系统能替组织完成它们。提供卓越的量化指标，每个月执行反馈，以及每个人都承担责任，这样做才能最终达成有挑战性的目标。同时，由于工作中人们很容易延续旧习惯，只关注具体任务而非目标，OKR 很容易落入形式化。在 OKR 的实施过程中，只有保持自律，不断跟踪和检视任务是否紧紧围绕目标，发现问题及时调整，才能保证组织收获的价值最大化。这就是军规存在的意义。